A herança do golpe

Jessé Souza

A herança do golpe

1ª edição

Rio de Janeiro
2022

Copyright © Jessé Souza, 2022

CIP-BRASIL. CATALOGAÇÃO NA PUBLICAÇÃO
SINDICATO NACIONAL DOS EDITORES DE LIVROS, RJ

S715h Souza, Jessé
A herança do golpe / Jessé Souza. – 1. ed. – Rio de Janeiro : Civilização Brasileira, 2022.

ISBN 978-65-5802-070-7

1. Brasil – Política e governo – História. 2. Golpes de Estado – Brasil. I. Título.

22-77965 CDD: 320.981
CDU: 32(81)

Gabriela Faray Ferreira Lopes – Bibliotecária – CRB-7/6643

Todos os direitos reservados. É proibido reproduzir, armazenar ou transmitir partes deste livro, através de quaisquer meios, sem prévia autorização por escrito.

Texto revisado segundo o novo Acordo Ortográfico da Língua Portuguesa.

Direitos desta edição adquiridos pela
EDITORA CIVILIZAÇÃO BRASILEIRA
Um selo da
EDITORA JOSÉ OLYMPIO LTDA.
Rua Argentina, 171 — Rio de Janeiro, RJ — 20921-380 — Tel.: (21) 2585-2000.

Seja um leitor preferencial Record.
Cadastre-se no site www.record.com.br
e receba informações sobre nossos lançamentos e nossas promoções.

Atendimento e venda direta ao leitor:
sac@record.com.br

Impresso no Brasil
2022

Para meu querido amigo
Boike Rehbein, em memória

Sumário

Prefácio

Este livro, então com o título de *A radiografia do golpe*, foi escrito entre janeiro e maio de 2016 sob o impacto do golpe contra a presidenta Dilma Rousseff. A tese central desta obra, segundo a qual o golpe não se deu por suposta corrupção, mas, sim, como reação da elite — e, especialmente, da classe média branca — à então recente ascensão social de setores antes excluídos, quase que imediatamente se tornou uma espécie de versão alternativa à leitura imperante na mídia e na opinião pública daquela época. Como lancei o livro, alguns meses depois, em um encontro do Partido dos Trabalhadores (PT), em São Paulo, na presença de Lula, a tese ganhou rapidamente exposição no debate nacional.

O próprio ex-presidente, com sua perspicácia, logo compreendeu o sentido e a importância da crítica que eu havia construído. De tal modo que, respondendo às provocações da mídia após o debate de lançamento, resumiu o conteúdo de minha tese, dizendo que havia acabado de compreender que foram as virtudes, e não os defeitos do partido, a causa última do golpe. É desse modo, afinal, que as contribuições de intelectuais se tornam ideias sociais com ampla penetração. A tese defendida no livro acabou se tornando a versão crítica hegemônica do episódio golpista. O livro foi sucesso de vendas e de crítica também, além de ter sido, no ano seguinte, laureado com o Prêmio Jabuti na categoria Ciências Humanas.

Na atual versão, o livro original foi muito modificado. Permaneceu a reconstrução factual do golpe e de seus antecedentes socioeconômicos, além da tese central que versa sobre o incômodo dos privilegiados em relação às classes populares que não mais conheciam o seu "lugar" costumeiro. Acrescentei, na nova versão, contudo, tanto uma análise da formação de uma "cultura de golpes de Estado", nos últimos cem anos, com o intuito de criminalizar a participação popular, para melhor contextualizar historicamente o golpe recente, quanto uma parte final sobre a "herança do golpe" e as consequências do bolsonarismo. A catástrofe do político miliciano que chegou à Presidência, em 2019, e ainda mantém prestígio significativo, foi o legado mais profundo do golpe. O livro atual mais do que dobrou de volume. Tamanha modificação ensejou a mudança do título de *A radiografia do golpe* para *A herança do golpe*.

É este novo livro, pensado para estimular o debate às vésperas da decisiva eleição de 2022, que ora apresento ao leitor e à leitora. Aqui, reconstruo os meandros de como o sistema político brasileiro foi desenhado para manter a desigualdade abissal, maquiando-a com as cores reluzentes do falso moralismo e, agora, com Jair Bolsonaro, com as cores nefastas da intolerância. Além disso, analiso os novos desafios que a manipulação do ressentimento (antes adormecido) de setores significativos das classes populares provocou nas massas, fazendo com que parte dos pobres caísse no colo do bolsonarismo. Este é um livro que procura restituir a inteligência do povo brasileiro — distorcida por uma ideologia que sustenta uma mídia elitista —, com o intuito de que a compreensão das fraudes sociais possa se tornar estímulo à mudança e à construção de uma nova sociedade.

CAPÍTULO 1

A CONSTRUÇÃO DA CULTURA DE GOLPES DE ESTADO NO BRASIL

OS DOIS INIMIGOS ATUAIS PARA A COMPREENSÃO DA SOCIEDADE BRASILEIRA

A história da sociedade brasileira sempre foi — e ainda é — marcada pela experiência da escravidão e do racismo racial. Esse é o núcleo da sociabilidade brasileira e todo o resto é secundário. Não é assim, no entanto, que o Brasil é compreendido por seus pensadores mais importantes, nem é assim que o país e seu povo se percebem. O Brasil é percebido hegemonicamente como continuidade cultural de uma suposta herança de corrupção originada em nosso passado ibérico. Essa explicação, como veremos em detalhe, até hoje permite culpar o povo oprimido e explorado por sua própria miséria.

Alguns, muito poucos, haviam "dito" que a escravidão e sua herança são importantes para entender o Brasil atual. No entanto, simplesmente "dizer" isso não é suficiente. Essa é a diferença entre um "nome" e um "conceito". Uma diferença, inclusive, que muitos intelectuais não compreendem. Um "nome" é impreciso e confuso, já que apenas "dizer" que a escravidão foi fundamental vai evocar na cabeça de cada um as mais variadas associações. Um vai imaginar a importância da feijoada, outro, a da capoeira, outro, ainda, a do samba, e assim por diante. Como resultado, todos vão achar que compreendem algo em relação à qual nada sabem na realidade.

No entanto, "explicar" como a escravidão continua, hoje em dia, com outras máscaras é algo muito diferente. Um conceito, ao contrário do mero nome, reconstrói em pensamento a realidade vivida de outro modo, mais profundo e crítico. Se bem realizado, esse trabalho pode reconstruir a imagem que o país tem de si mesmo e abrir, a partir disso, novas frentes de aprendizado social e de desenvolvimento. Para "explicar" como uma sociedade funciona de verdade, é necessário, antes de tudo, reconstruir e criticar a forma hegemônica por meio da qual a dominação social é legitimada. Como não existe "exploração econômica" possível sem ser justificada por ideias carregadas de valores, de modo a ser aceita pelos que sofrem e perdem sob seus desígnios, então a questão central de toda sociedade são as suas formas de legitimação. São elas a chave para esclarecer a reprodução de uma sociedade e, portanto, "explicar" como uma sociedade funciona em seu conjunto, mesmo que seja tão perversa e desigual como a nossa.

Para isso serve o estudo sistemático dos grandes pensadores sociais. Eles nos ajudam a perceber a diferença entre o principal e o secundário e nos permitem refletir sobre a causa fundante e última de qualquer acordo social. Afinal, é o principal que vai hierarquizar e subordinar tudo o mais que é secundário. Meu projeto intelectual de "explicar" de modo alternativo a sociedade brasileira, de modo diferente de como fora interpretada até hoje, se baseia na tese de que a legitimação da sociedade brasileira se baseia na humilhação e exploração dos "novos escravizados", descendentes dos antigos escravos, construídos sob condições modernas. Se estou correto, como acredito e pretendo demonstrar a seguir, então não estou simplesmente "dizendo" a importância da escravidão, mas "explicando" como isso efetivamente se dá e se materializa sob novas máscaras "modernas".

Essa explicação exige a compreensão da construção de uma classe/raça "Geni", para lembrar dessa personagem de Chico Buarque na qual todos podem pisar e cuspir, como a base última e aspecto mais importante de todo o acordo social perverso e desigual brasileiro. Uma classe/raça que vai implicar, inclusive, a construção de uma "cultura de golpes de Estado", que golpeará qualquer esforço de inclusão e integração real desse grupo "intencionalmente" marginalizado. É precisamente a construção dessa cultura de golpes de Estado que vamos reelaborar nesta primeira parte do livro. Minha tese é a de que tal cultura serve para manter negros e pobres na marginalidade e na exclusão. Mas, afinal, por que a elite, a classe média branca, além dos brancos pobres e dos pobres remediados de qualquer cor, teriam tanto interesse em manter uma classe/raça na miséria e na barbárie? Essa é a explicação necessária para uma compreensão não apenas do golpe de 2016, mas de todos os golpes que aconteceram antes. É ela também que permite compreender e "explicar" o funcionamento geral da sociedade brasileira de modo novo e mais crítico.

Essa "explicação" possui, no entanto, dois inimigos poderosos. O primeiro é a tendência hegemônica dos grandes pensadores brasileiros, que moldaram nossa forma de pensar de modo muito mais profundo do que imaginamos. Eles tornaram a escravidão secundária em relação a uma suposta herança cultural ibérica e, portanto, luso-brasileira do personalismo e da corrupção. Para essa tradição ainda hoje hegemônica, o problema do Brasil é sua herança cultural maldita que permite, como veremos em detalhe mais adiante, culpar o próprio povo por sua miséria. Foi esse sucesso retumbante da "ideologia elitista" brasileira, construída por intelectuais festejados da direita à esquerda, que permitiu maquiar o racismo racial secular brasileiro com as cores reluzentes do falso moralismo, supostamente contra a corrupção, da elite e da classe média branca.

O segundo inimigo talvez seja ainda mais perigoso. É que hoje em dia o que se passa por "antirracismo" entre nós é, na realidade, uma grande farsa. Em geral, não se sabe, na realidade não se tem a menor ideia, o que vem a ser o racismo racial — nem muito menos quais são as máscaras que assume para funcionar como arma de legitimação política. Não se sabe, entre outras coisas, como o racismo foi formado, o que exatamente o racismo destrói nas pessoas, muito menos os disfarces que assume para continuar vivo, fingindo que morreu. Esse desconhecimento básico não impede as pessoas, que se arvoram da responsabilidade de esclarecer o público, de falarem sobre o que não entendem. Há intelectuais de notável impacto na esfera pública que se alçaram à posição de defensores, no Brasil, do que chamo de "identitarismo neoliberal" — que tanto agrada aos bancos e à mídia venal —, o qual é destinado a maquiar o saque do capitalismo financeiro sobre toda a população, com a ilusão de que se está defendendo a "diversidade" e a "justiça social". Vamos ver a seguir, com detalhes, como o identitarismo neoliberal, e por isso também meritocrático, colabora para que as coisas continuem como estão, impedindo as transformações que precisamos promover nas "estruturas sociais" para que as "mudanças reais" aconteçam de fato.

Esquece-se, nessa fraude bem perpetrada contra um público sem defesa contra ela, que a ascensão de negros e mestiços, desde que individual e meritocrática, sempre foi a regra do Brasil desde a colônia até hoje. Os negros e mestiços "talentosos" e com mais estudo sempre puderam "embranquecer" no Brasil. O pressuposto principal é que o negro ascendente assimile os valores do dominador, não só branco, mas, principalmente, rico, como se fossem próprios. A ideologia oficial do capitalismo financeiro americano de hoje, destinada a legitimar a riqueza do 1% e a pobreza dos 99% restantes, fingindo que realiza a "diversidade" cooptando um punhado de negros, não é nenhuma novidade para os brasileiros.[1] Os arautos do identitarismo neoliberal defendem a mera continuidade da ideologia centenária do "embranquecimento", sem tirar nem pôr. Não se admira o apoio tão enfático e geral dos bancos e da mídia ligada a eles.

Como o mundo do identitarismo neoliberal passa a ser dividido em brancos e negros, ou entre mulheres e homens, "esquece-se", de modo muito conveniente, a origem de classe das pessoas, ou seja, do fato que alguns negros nascem com mais riqueza e privilégio do que outros. Esse privilégio relativo — por exemplo, o da melhor escola —,

---

1 Jessé Souza, *Como o racismo construiu o Brasil*, Rio de Janeiro, Estação Brasil, 2021.

faz com que, no máximo, 1% dos negros tenha condições de ascensão real. Os 99% restantes continuam com o esgoto a céu aberto, acordando com a polícia apontando-lhes um revólver na cabeça e sofrendo humilhação e exploração diárias. Pior, como se imagina que a ascensão de tão poucos signifique uma crítica real ao racismo, convenientemente mostrada como tal nas mídias, a situação dos 99% sem chance passa a ser vista como resultado da preguiça ou falta de vontade individual. O "identitarismo meritocrático" da suposta "diversidade" legitima o sistema injusto e predatório ao culpar a vítima pelo próprio infortúnio. Então, surge uma aliança entre o 1% mais rico com o 1% de negros mais educados e privilegiados, para o ganho de ambos, legitimando a continuidade da miséria e da exclusão da enorme maioria.

É isso que explica as inauditas bobagens, ditas como se fossem grandes novidades, como "lugar de fala" e "representatividade", que lograram dominar o debate público brasileiro. Trata-se aqui de conseguir a adesão do 1% dos negros com chance de ascensão real, desde que eles tirem onda de representantes dos 99% sem voz. É isso que explica a violência fascista dos "cancelamentos". Esses movimentos, aliás, tiram onda de ser "democráticos" ou de "esquerda", mas a manipulação do ressentimento compreensível dos excluídos é o patrimônio maior do fascismo. Sem isso, não se compreende como uma bobagem sem tamanho que é a de pressupor que o oprimido conhece as causas e a dor da opressão melhor do que ninguém, simplesmente porque é sua vítima, pudesse convencer pessoas inteligentes.

Uma outra forma, que se tornou dominante entre nós, de fingir que se compreende o racismo é simplesmente adicionar a palavra "estrutural" a qualquer comentário sobre a questão racial. Afinal, a suspeita geral é o fato de que existe uma "estrutura por trás do racismo" que não é imediatamente visível. Mas a mera adição do "nome" estrutural não ajuda a explicar em nada o problema. Ao contrário, é menos reveladora na medida em que dá a impressão de se ter resolvido o imbróglio. Que estrutura é essa? Como ela foi criada? Como age? Em benefício de quem? Quem é responsável?

Nada disso é respondido por quem, confundindo nome e conceito, quer dar a impressão de que sabe o que não sabe.

Como vimos, um dado nome tem um sentido impreciso, múltiplo, que varia conforme a cabeça do freguês, cada qual povoada pelas associações que a experiência de vida vai ligar àquele nome. O tal "estrutural" do racismo vai significar, assim, milhões de coisas muito diferentes: para um, vai ser a polícia; para outro, o elevador de serviços; para outro, ainda, o padrão estético branco; para a maioria, vai dar a impressão de responder a tudo que não se compreende; e assim por diante. Na realidade, isso é confusão, não esclarecimento.

O conceito, ao contrário, reflete um processo de aprendizado que começa com a verdadeira humildade de quem percebe que não sabe e não compreende um fenômeno importante. Essa humildade inicial é fundamental para o real aprendizado. Depois dela é que se começa o trabalho de se construir uma análise encadeada, por exemplo, acerca de que estrutura é essa, afinal, que explica o racismo. O conceito é o resultado desse esforço de refazer o mundo social confuso como ele é, de modo encadeado e coerente, em um exercício de pensamento crítico. É esse o convite que eu faço a você, leitora e leitor. Apenas o nome "estrutura" não ajuda em nada esse trabalho e, inclusive, o atrapalha, posto que supõe um pensamento que não foi sequer elaborado.

Então, vamos ver a questão mais de perto. A estrutura do racismo brasileiro só pode ser compreendida em sua relação com a escravidão e sua continuidade com outras máscaras no Brasil de hoje. Quando disse, em diversos livros nos últimos anos, que havia sido o primeiro a interpretar o Brasil contemporâneo de modo consequente a partir da experiência da escravidão, alguns julgaram que se tratava de mera "vaidade" pessoal. Como imaginam o conhecimento tal qual um adorno da personalidade, e portanto reduzido a mera "vaidade", essas pessoas não percebem sequer a função política e impessoal decisiva do conhecimento verdadeiro para a mudança social e política. Na verdade, a minha intenção principal foi mostrar a necessidade de mudança urgente da forma elitista e racista como o país sempre foi compreendido. Afinal, não se muda a vida prática das pessoas comuns sem se mudar a compreensão de mundo que a move e a justifica. O que fiz nos meus livros mais recentes foi oferecer uma teoria nova que esclarece questões nunca percebidas antes, pois prontamente desnuda o elitismo, mesmo quando se veste de democrático e popular, e dá passos além, ao permitir, dentro desse exercício crítico, a compreensão da dor e do sofrimento, antes ocultados e distorcidos, da maioria da população.

Não se entende, portanto, o golpe de 2016, nem a cultura de golpes de Estado brasileira em geral, durante todo o período republicano, sem compreendermos como a escravidão se mantém, assumindo sempre novas máscaras, e como o racismo racial recobre todas as relações entre classes sociais e indivíduos na sociedade brasileira. Todos os golpes no Brasil foram motivados por racismo de classe e de raça convenientemente mascarados. Essa é a tese central deste livro. Sem compreendermos isso, seremos presas fáceis para novos golpes e retrocessos mais tarde. É por conta disso que é tão importante chamar a atenção do público para novidades que "parecem" ser apenas teóricas e intelectuais. É que sem conhecê-las nossa ação prática também será "confusa" e não "esclarecida".

ESCLARECENDO AS CONFUSÕES SOBRE O RACISMO

A primeira grande confusão a ser compreendida aqui é aquela que se refere ao que vem a ser, afinal, racismo. Eu estudei de modo dedicado e sistemático, sob os aspectos filosófico, histórico e empírico, entre 2018 e 2021, essa questão. Como sempre, comecei partindo do pressuposto de que nada sabia acerca daquilo que almejava saber algum dia. Para minha surpresa, percebi que não apenas eu, mas ninguém parecia saber o que era racismo. Nem no Brasil, nem fora dele. Percebi que quem estudava o racismo imaginava, erroneamente, que bastava mostrar que o racismo existe para compreender o que era o racismo. Ledo engano. Comprovar a mera "existência" de um fenômeno não significa que compreendemos como se cria, como funciona e como se reproduz.

Compreendi, então, que seria necessário entender a "genealogia", ou seja, a história dos racismos, no plural, para saber como atuam e como oprimem as pessoas. Quando me voltei para pensar nossa origem, percebi que o Brasil não nasce em 1500. Desse modo, sendo produto da expansão do Ocidente, era necessário entender como, desde antes de nascer como sociedade ligada ao sistema mundo, o Brasil — ou aquilo que um dia haveria de se tornar o Brasil — já era produto de um "racismo global" que então se constituía. Afinal, a Europa, que se expandia para todo o globo, precisava "legitimar" e justificar o seu direito ao domínio global sobre povos a ser oprimidos e até escravizados. Mais uma vez: para compreender qualquer totalidade, global ou nacional, que desafia nossa capacidade de compreensão, é necessário, antes de tudo, perceber como essa totalidade é "legitimada".

Percebemos aqui, já de início, uma das funções mais importantes de todo tipo de racismo. Ele existe para "justificar", em primeiro lugar para quem determina o controle, que esse domínio se dá por boas razões. Ao mesmo tempo, essa justificação tem de produzir, no dominado e oprimido, a sensação de que a dominação se dá, de alguma maneira, em seu próprio benefício. Sem essa dupla função não existe dominação social durável — nem, portanto, racismo. Afinal, toda dominação social, política e econômica vai exigir alguma forma de "racismo"; não necessariamente "racial", para legitimá-la como desejável e justificável. Foi a partir dessa certeza inicial que percebi que uma concepção ampliada e múltipla do racismo, além da atenção na sua dimensão racial "mais visível", era necessária para poder efetivamente compreendê-lo. O racismo brasileiro possui questões muito particulares que excedem suas bases no estigma da cor da pele.

O essencial é compreender que não existe dominação durável no tempo baseada apenas na violência física e bruta. O custo desse tipo de domínio é impagável a longo prazo, já que exigiria, no limite, um guarda armado 24 horas por dia ao lado de cada indivíduo escravizado ou oprimido. Isso implica que toda forma de dominação durável que existiu e existe impõe a construção de uma forma específica de racismo. Um racismo que, ao mesmo tempo, "autorize" o dominador a exercê-lo, por sua suposta superioridade inata, e que "convença" o oprimido, parcial ou totalmente, de que esse poder é exercido em seu benefício. Mesmo um caso-limite de domínio pela violência, como foi a escravidão brasileira, como veremos mais adiante, é um dos melhores exemplos do que acabo de dizer.

Poderíamos recuar na história e perceber a ubiquidade do racismo em todas as formas de sociedade e de impérios que já existiram. Certamente, a divisão dos romanos e gregos entre "povos cultos" e "povos bárbaros" é um dado do que estamos dizendo. Mas a especificidade do racismo moderno, dominante desde 1500, é ocidental e europeia, daí que, para nossos propósitos aqui, é desse racismo peculiar que vamos tratar com atenção.

Para se compreender o racismo, é necessário ter em mente três coisas:

1) Que toda forma de racismo implica a oposição "humano e superior/desumano e inferior", seja aplicado à "raça", à classe, ao gênero ou à "cultura" de uma sociedade. Quem oprime, seja a "raça", a classe, o gênero, a cultura, ocupa sempre o polo superior, de modo a se "sentir autorizado", possuindo o "Direito", portanto, de exercer o domínio; e quem é oprimido, também nas diversas dimensões apontadas aqui, tem de ser convencido, parcial ou totalmente, da própria inferioridade. O oprimido precisa acreditar, parcial ou totalmente, que sua opressão é "merecida" e exercida por "boas razões". Este é, na realidade, o mecanismo universal de todo racismo.

2) Que, no Ocidente, a "gramática moral" que comanda todas as nossas avaliações, conscientes ou inconscientes, sobre o mundo e sobre nós mesmos, permitindo separar o mundo entre supostos superiores nascidos para comandar e supostos inferiores nascidos para obedecer se materializa na oposição entre "espírito" e "corpo". Todo indivíduo, grupo social ou sociedade que

pretenda o domínio sobre outros terá, necessariamente, que se mascarar com as virtudes do "espírito" — ou seja, inteligência, honestidade e moralidade e "bom gosto" estético, como nos ensina Kant. Ao mesmo tempo, a dominação só será durável se possibilitar o convencimento dos próprios oprimidos que não são mais do que o "corpo" e suas paixões, e, portanto, "animalidade desumanizada".

3) Que a ubiquidade do racismo, assim definido, se deve ao fato de a necessidade de "reconhecimento social" ser a dimensão mais importante dos seres humanos em sociedade. Ainda que seja possível universalizar o reconhecimento para todos, a forma mais disseminada, por exemplo, em sociedades de passado escravocrata como a americana e a brasileira, é aquela que liga o reconhecimento à necessidade de "distinção social", que faz com que nos sintamos superiores aos outros e, portanto, merecedores de privilégios. O contraponto disso é a necessidade de "convencer" o inferiorizado de sua própria inferioridade.

O racismo, assim definido como um fenômeno múltiplo e universal, presente em diferentes formas de sociedade até hoje existentes, não é, obviamente, a forma mais comum como a dominação social é percebida pelos intelectuais que se aventuram no tema. Alguns imaginam, com uma ingenuidade tocante, que afirmar a multidimensionalidade do racismo equivaleria a retirar o lugar de "vítima preferencial" das vítimas do racismo racial. Esses são os primeiros a ser feitos de tolos quando o mesmo racismo racial assume, por exemplo, "formas culturais", como a guerra às drogas ou o combate à corrupção no Brasil, como veremos mais adiante, permitindo perseguir os negros sem sequer tocar na palavra "raça".

Obviamente, se o racismo racial pode assumir outras formas para continuar vivo, fingindo que morreu, então o racismo é múltiplo e tem que ser compreendido enquanto tal para ser combatido com eficiência. Aceitar que existe apenas o "racismo de raça", como se isso fosse uma "vantagem", o lugar do "sofrimento absoluto", é simplesmente arrematada "burrice". Um tiro no pé, ou melhor, na própria cabeça da vítima do racismo racial. Na verdade, a ideia de que o mundo social é fundamentalmente justo, com uma ou outra "discriminação" de menor importância contra as mulheres, às culturas dominadas e aos pobres, sendo apenas o racismo racial sua "verdadeira doença", é boa apenas para quem domina.

Desse modo, quem explora, humilha e domina pode continuar a ser racista racial com outras máscaras, bem mais eficientes, como veremos, e ainda dar a impressão de que basta conceder alguns empregos aos negros privilegiados para que a sociedade desigual e perversa "apareça" como paraíso da "diversidade" e da justiça social. Veja bem, isso significa que não existe luta contra a opressão baseada em mentiras. Mesmo que essas mentiras sejam, de modo compreensível, aceitas pelos próprios oprimidos como uma "falsa verdade" bem-vinda. Afinal, para quem não tem nada e foi humilhado a vida toda — como 99% dos negros no Brasil —, uma mentira que diga que se detém algo que os outros que o humilham supostamente não possuem — como o presumido conhecimento privilegiado da dor e do sofrimento próprios, ele ou ela vai se agarrar a essa ilusão como um náufrago a uma boia de salvação.

Como todos nós precisamos desesperadamente de "reconhecimento social", ou seja, a necessidade de ser tratado com "respeito" e possuir "autoestima", qualquer ilusão ou mentira conveniente que nos prometa isso, especialmente quando não temos mais nada ao alcance, tende a ganhar nosso afeto mais forte. Isso é plenamente compreensível. Quem não tem nada, e portanto nada a perder, vai se jogar de cabeça em qualquer coisa que lhe prometa um descanso, momentâneo que seja, de uma vida de carência e humilhação constantes. É nesse sentido que faço duras críticas ao "lugar de fala", pois essa expressão cumpre essa função, como qualquer outro populismo barato, de vender a ilusão da redenção real. O meu alerta, então, se volta para o entendimento de que as "mentiras agradáveis" são nossos maiores inimigos — tanto dos indivíduos quanto das sociedades. Só a verdade pavimenta um caminho seguro. É nessa direção que coloco meu esforço.

De resto, comprovar as formas múltiplas do racismo racial se revela, como mostrarei em detalhe, a única maneira de se compreender como o racismo racial vai ser o cimento e a argamassa da sociedade brasileira e de todas as suas relações sociais, precisamente porque se utiliza de máscaras que darão a impressão de se ter superado o racismo de raça. Pretendo mostrar, cabalmente, para qualquer leitor e leitora que respeite as regras da argumentação racional, que não existe luta antirracista inteligente sem a reconstrução do racismo racial como parte de uma estrutura mais geral.

O RACISMO E SUAS MÁSCARAS

Vamos ao argumento principal. Ao contrário do pensamento social brasileiro hegemônico, penso que as origens mais importantes para a compreensão da singularidade de nossa sociedade se encontram na civilização ocidental, não na suposta "tradição ibérica", que percebe tanto o Brasil quanto Portugal como não pertencentes à cultura ocidental.[2] A civilização ocidental, por sua vez, nasce da mistura das tradições do judaísmo antigo com a filosofia grega, que serão unidas na forma específica do caminho de salvação do cristianismo.

Toda transmissão cultural se dá pela eficácia de instituições importantes. Valores culturais não são transmitidos pelo "sangue", ou por uma picada de mosquito, nem pela chuva, muito menos pelo vento. Foi necessária a maior e mais importante instituição que o Ocidente já teve — a Igreja católica medieval, o modelo para todas as formas de Estado nacional que se criou depois — para que a forma singular

2 *Ver* Jessé Souza, *Brasil dos humilhados*, Rio de Janeiro, Civilização Brasileira, 2022.

do caminho de salvação de todo cristão pudesse influenciar até hoje a maneira com a qual avaliamos o mundo.

É o catolicismo que constrói, a partir da influência de Platão, a oposição entre o espírito e o corpo como uma espécie de "bússola moral" para o comportamento cotidiano dos fiéis. Apenas aqueles que se dedicam ao espírito, visto então como "caminho para Deus", e controlam as paixões "insaciáveis do corpo", antes de tudo o sexo e a agressividade, como dizia Platão, é que serão salvos na eternidade. A partir daí é que o espírito será divinizado e o corpo, demonizado. É preciso se pôr na pele dos homens e mulheres dessa época, para quem a "salvação eterna" era a preocupação principal, e imaginar o efeito cumulativo de ação missionária de milhões de padres chegando às localidades mais recônditas do planeta com a mesma mensagem. E, depois, com essa mensagem já sedimentada, perceber a força da socialização familiar e escolar, por séculos afora, também no mesmo sentido, para compreender a força dessa hierarquia moral hoje em dia na vida de todos nós. Somos, atualmente, "platônicos" no nosso comportamento e na nossa forma de avaliar o mundo, embora poucos tenham lido uma página que seja de Platão. É assim que as "ideias" dos grandes intelectuais influenciam a "vida prática" das pessoas comuns, inclusive das que não sabem ler. As ideias que se "institucionalizam" são as que movem o mundo. Essas ideias não ficam nos livros, como, ingenuamente, imaginamos; essas ideias nos constroem e determinam todo o nosso comportamento. Compreender as ideias que nos formam é compreender quem somos de verdade.

Com o advento do mundo moderno, pós-religioso, o "espírito" assume um sentido secular, como Kant, o grande filósofo alemão, nos ensinou, e passa a designar o lugar de todas as "atividades superiores", como a inteligência, a moralidade e a honestidade, além da sensibilidade ao belo. O "espírito" deixa de ser caminho para Deus para designar toda virtude em um mundo antropocêntrico, com os seres humanos na base de toda reflexão. Tudo, literalmente tudo, cara leitora e caro leitor, que admiramos, amamos e respeitamos tem a ver com essas três dimensões fundamentais do espírito. É isso o que está em jogo quando dizemos que a sociedade forma o indivíduo. Ela determina, em grande medida, não só o que o indivíduo sente, mas também decide como, e a partir de que hierarquia valorativa, ele avaliará o mundo e a si mesmo. E o "corpo", por oposição ao espírito, continua a ser o que sempre foi — o reino de tudo que é baixo e vulgar, o reino das paixões e da afetividade não refletida que nos liga aos animais.

Hoje em dia, não "refletimos" mais acerca dessa hierarquia contingente e fortuita que nos formou e explica por que somos o que somos e por que sentimos o que sentimos. Como ela se torna "inconsciente", na medida em que é transmitida de modo pré-linguístico desde tenra idade pela socialização familiar e, depois, pela escola, avaliamos o mundo dividindo tudo e todos pela associação herdada, seja com o espírito, seja com o corpo. Essa hierarquia é produto do Ocidente. Não é assim, pelo menos do mesmo modo, no Oriente, por exemplo na Índia ou na China, que possuem outras tradições.

Esse esclarecimento é fundamental para que possamos compreender, agora, como toda forma de racismo funciona, e provar a tolice da ideia de que o racismo só existe em relação à "raça". Reflitamos juntos, com nossa cabeça, cara leitora e caro leitor: se a associação, seja verdadeira, seja falsa, com o espírito nos liga ao "divino" e a tudo que admiramos, então quem quiser exercer qualquer forma de domínio, no Ocidente, vai ter que se vincular ao espírito ou se mostrar como representante dele. Afinal, não existe nada, literalmente nada — faça essa prova empírica aí você mesmo —, digno de nossa admiração que não seja associado ao espírito. Portanto, se se quiser oprimir e humilhar alguém ou um grupo social, é necessário reduzir esse alguém ou esse grupo social ao corpo, ou seja, aproximá-lo da "animalidade" e, desse modo, retirar sua "humanidade", ou seja, "desumanizar".

A oposição espírito/corpo é a fórmula geral, múltipla e multifacetada, como veremos, de toda forma de opressão e humilhação social, sem exceção, e, portanto, também de toda forma de "racismo". Afinal, "racismo" passa a representar toda forma de se reduzir o outro à animalidade dos afetos e do corpo, retirando, desse modo, seu estatuto humano. A vítima do racismo passa a ser percebida pelo seu algoz como algo indigno de sua empatia e compaixão. Abre-se espaço, inclusive, para o gozo do sofrimento alheio, que é uma marca fundamental da sociedade brasileira. Se aceitamos a tese de que a oposição espírito/corpo está na base de todas as nossas avaliações sobre o mundo, conscientes e inconscientes, então o conteúdo múltiplo de todo racismo se torna de fácil percepção.

Reflitamos mais uma vez juntos, cara leitora e caro leitor: não só o "branco" vai ser ligado ao espírito como inteligência, beleza e honestidade, mas também as classes "altas", as classes do conhecimento e da beleza estética; ou o homem, em oposição à mulher, percebido como inteligência e moralidade distanciada; ou ainda as "culturas superiores", como a americana e a europeia, vão ser definidas pela posse do conhecimento e da tecnologia, além de "honestidade" e padrão de beleza. Por oposição, o "negro" será tudo aquilo que o vice-presidente Hamilton Mourão vive fazendo troça: burro, preguiçoso e feio; as classes baixas serão o lugar do trabalho braçal e muscular desvalorizado que os liga à animalidade; a mulher será ligada ao sexo e ao "mundo sentimental"; e as culturas dominadas da América Latina, da África e da Ásia serão representantes da ausência de tecnologia e conhecimento, da corrupção sistêmica e da feiura.

Essa é ou não é, afinal, a descrição perfeita do mundo em que vivemos, cara leitora e caro leitor? Como o mundo inteiro pressupõe opressão, exploração e humilhação, é necessário perceber como a dominação é construída e como funciona como legitimação do mundo injusto como é. Dizer que apenas o "racismo racial" é importante é fazer o serviço de quem domina, já que torna todas as outras formas de opressão e humilhação invisíveis ou secundárias. Uma "burrice" sem tamanho e um "tiro na cabeça" do próprio oprimido. Isso facilita o trabalho de dominação, uma vez que nos torna incapazes de perceber as próprias máscaras que o racismo racial assume. Até porque a regra das justificativas para a exploração e humilhação vai variar e assumir constantemente novas máscaras e diferentes disfarces. Para que não nos esqueçamos jamais: falar de racismo exige compreender todas as suas formas e todas as suas máscaras, senão o preço, inevitável, será o de ser feito de tolo pelos mecanismos camaleônicos de poder. A história do Brasil moderno é a história das máscaras que o racismo racial assume para continuar no comando da sociedade brasileira. É o que veremos a seguir.

Obviamente, esses diversos racismos assumem, em sociedades concretas, formas singulares. Em algumas, o racismo cultural é mais forte; noutras, o racismo de gênero, como em muitas sociedades muçulmanas; ou noutras, ainda mais comumente, há o racismo de classe. Em sociedades com passado escravocrata, como a brasileira e a americana, no entanto, o racismo racial assume o comando, ainda que em combinação com o racismo de classe, já que os dois se sobrepõem. É essa predominância do racismo racial — e das máscaras que o escondem — que precisa ser construída e compreendida entre nós. Sem isso, não podemos compreender, inclusive, como a cultura de golpes de Estado no Brasil foi construída se mascarando de "superioridade moral" — o falso moralismo supostamente anticorrupção — dos brancos e dos ricos.

O QUE SIGNIFICA "EMBRANQUECER" NO BRASIL?

Existe, em toda sociedade concreta, oportunidades históricas de definição e "escolha" de qual caminho seguir e que tipo de sociedade se quer criar. Na sociedade brasileira, uma dessas oportunidades mais importantes foi precisamente a abolição formal da escravidão, em 1888. Esse tipo de oportunidade implica a percepção consciente de toda uma geração de que se estava lançando as bases para uma nova sociedade. Teria sido possível, por exemplo, imaginar uma reforma agrária que concedesse aos ex-escravos acesso à terra e ao seu cultivo. O Brasil, afinal, ainda possuía boa parte de suas terras férteis ainda não cultivadas. Mas esse não foi o caminho escolhido.

O racismo racial, no último quartel do século XIX, era aberto e abrangia largamente a sociedade brasileira. Mesmo quem era abolicionista e defendia os ex-escravos, como Joaquim Nabuco, não tinha dúvidas quanto à inferioridade inata do negro. Era a época do "racismo científico", quando as diferenças de desenvolvimento entre sociedades, grupos sociais e indivíduos eram explicadas por um misterioso "estoque racial". Como as ciências sociais ainda estavam engatinhando, o modelo preponderante colhia fontes nas ciências biológicas aplicadas à sociedade, muito especialmente nas contribuições de Charles Darwin e Jean-Baptiste de Lamarck.

O conde Arthur de Gobineau — nobre e diplomata francês que viveu no Brasil alguns anos e se tornou um dos amigos diletos do imperador d. Pedro II — era um desses defensores do "racismo científico" e exerceu considerável influência tanto no Brasil quanto na Europa com suas ideias racistas. Gobineau se espantou com a "feiura" e o atraso do povo mestiço brasileiro.[3] Como a pureza da "raça" era, para ele, o valor maior, representado pela "raça ariana", o mestiço era visto como uma degenerescência, uma espécie de "lata de lixo" da história, destinada, inclusive, a desaparecer.

Essa visão se tornou a visão oficial do Brasil republicano e pós-abolição. A única diferença era a condenação do povo ao desaparecimento. Em vez disso, os intelectuais e os políticos da época percebiam o processo de embranquecimento da população como o caminho a ser escolhido para o desenvolvimento social e econômico da sociedade. O embranquecimento tinha duas estratégias principais. Por um lado, o país se empenhou num grande esforço de imigração de europeus mediterrâneos, especialmente italianos, além de espanhóis e portugueses, tidos como mais propensos à miscigenação com a população local. Por outro, o abandono e a marginalização da população negra se aprofundaram, condenando-a ao subemprego, às atividades humilhantes exercidas pelos ex-escravos, às nascentes favelas e à vida na fronteira da legalidade pela falta crônica de oportunidades. Aqui são criados os "condenados à barbárie", uma classe/raça "Geni", cevada e

3 Jessé Souza, *Como o racismo criou o Brasil*, *op. cit.*

intencionalmente reproduzida, destinada a ser o contraponto negativo de todas as outras classes e "raças". Um caso clássico de profecia que se autorrealiza e confirma o preconceito que a causa.

Na verdade, o imperativo do embranquecimento, como condição para alguma forma de ascensão e distinção social, sempre existiu no Brasil desde o estatuto colonial. O pequeno número relativo de brancos implicava a necessidade de cooptação seletiva de negros e mestiços que pudessem exercer serviços de confiança e as atividades intermediárias entre o senhor e os escravos. A figura do capitão do mato, quase sempre um negro ele próprio, é emblemática. A partir de 1808, com a abertura dos portos e a consequente entrada do capitalismo comercial, assim como com a transposição da burocracia de Estado e da família real portuguesa, esse processo se universaliza e se transforma na "lei social fundamental" da sociedade brasileira, uma regra mais eficiente que qualquer código jurídico construído até hoje.

É que a entrada incipiente das trocas comerciais e o advento da manufatura ligada à institucionalização do Estado centralizado inauguram uma nova forma de classificação e desclassificação social que não existia, do mesmo modo, no Brasil Colônia. Agora, havia a possibilidade do aprendizado tanto de ofícios técnicos e mecânicos ligados ao comércio e à expansão da manufatura quanto de empregos ligados às atividades de fisco e administração da justiça do Estado que se criava. O "mulato bacharel" é um produto típico dessa época de transformações. Aqui se abre um novo espaço social para a relativização da oposição polar entre branco e negro e senhor e escravo. É precisamente essa possibilidade de relativização que confere sentido ao processo de embranquecimento.

Afinal, desde essa época, o embranquecimento vai passar a significar um elemento misto de classe e raça, um compósito inextricável que marcará de modo indelével a sociedade brasileira. Mantido o pressuposto racista da superioridade inata do branco, passa a existir, no entanto, a possibilidade real de embranquecer. Afinal, o apagamento de traços negroides é apenas um dos elementos do branqueamento. Não por acaso, é nessa época de transição que vai se iniciar no Brasil a febre por pintar os cabelos de loiro, para se imitar as bonecas francesas importadas de pele de porcelana e cabelo claro.[4] Valia tudo, como o embranquecimento artificial das fotografias de negros e mulatos e o alisamento de cabelos. A adoção do padrão estético branco e europeizado vai ser um elemento importante, mas não o único.

Tão importante e decisivo quanto o apagamento de traços negroides para as chances de ascensão social é o conjunto de características que sinalizam o pertencimento da classe social. Como a classe social reflete, antes de tudo, a socialização diferencial na família e na escola, o acesso ao conhecimento útil ou prestigioso passa a ser o passaporte mais importante para se classificar e ascender socialmente nesse contexto. Desde essa época, a posse do conhecimento considerado legítimo embranquece os mulatos e negros, tendo, eventualmente, maior impacto na ascensão social dos excluídos do que qualquer apagamento de traço negroide. Paralelamente, ocorre uma transformação no modo de trajar e no comportamento social. Com a abolição da escravatura e do estatuto jurídico que reduzia o escravo a coisa, a partir de 1888, passou a ser necessário todo um novo regramento social que substituísse, na prática cotidiana, o status de escravo e que, ainda assim, mantivesse o negro em situação de subordinação e humilhação.

Agora, é possível traçar as principais características da lei de ferro do branqueamento que passa a valer como nossa verdadeira "constituição prática" desde essa época. O branqueamento, com seus traços de raça e de classe combinados e inseparáveis, começa a ser a forma de modernização possível das relações sociais recém-saídas da sociedade escravocrata. Como a sociedade escravocrata e suas permanências nunca foram efetivamente criticadas com profundidade, nem a própria escravidão reconhecida como nosso momento fundante, a dinâmica do branqueamento se mantém até hoje.

---

4 Gilberto Freyre, *Ordem e progresso*, São Paulo, Global Editora, 1990.

O traço decisivo desse processo, para nossos fins, é que ele implica cooptação sempre, e apenas "individual", dos negros e mulatos mais "talentosos", ou seja, daqueles que tiveram privilégios relativos na família e na escola comparativamente à imensa maioria de negros e mulatos mantidos na subordinação ou na marginalidade. Esse aspecto é tão fundamental e decisivo por razões óbvias. A cooptação individual vai exigir completa subordinação do pretendente a "embranquecer"; que ele aceite de modo acrítico os valores do branco, tanto de seu padrão estético como também, e principalmente, dos seus símbolos de status e distinção social — ou seja, seus atributos de classe e riqueza. Não raro, serão os mulatos e negros que ascenderam, precisamente por esse motivo, os que irão se esmerar nos maus-tratos a negros e mulatos pobres. Machado de Assis, mestiço ele próprio, era especialmente atento a esse tipo de comportamento.[5]

A lei não escrita do branqueamento significa, antes de tudo, portanto, a interdição de qualquer crítica ao esquema de poder vigente enquanto tal. É um arranjo de manutenção do *status quo*, permitindo uma válvula de escape precisamente oferecida para os elementos mais capazes das classes populares mestiças e negras.[6] O branqueamento ceifava, assim, matando dois coelhos com uma só cajadada, também todas as lideranças capazes de organizar um protesto organizado e generalizado entre os pobres, mestiços e negros. Nada muito diferente disso é o "identitarismo meritocrático" e individualista de intelectuais e lideranças que se tornaram muito conhecidos por se valerem desse tipo de promoção social, patrocinada pelos bancos e pela mídia comprada pelos mesmos bancos hoje em dia. Muito antes do capitalismo financeiro americano dos anos 1990, a elite brasileira escravocrata já havia desenvolvido estratégia idêntica de cooptação dos mais privile-

5 Entre outros livros, Machado de Assis descreve brilhantemente situações desse tipo em *Memórias póstumas de Brás Cubas*.

6 Carl Degler, *Neither Black Nor White*, Wisconsin, University of Wisconsin Press, 1986.

giados das classes oprimidas para manter a desigualdade e a exclusão. O ponto decisivo aqui é o de que não se combate a desigualdade com ascensão individual.

1930: A TENTATIVA DE GILBERTO FREYRE E GETÚLIO VARGAS DE CONFERIR AUTOESTIMA AO POVO BRASILEIRO

A partir do começo do século XX, o embranquecimento adquire novos contornos. A chegada de 5 milhões de europeus brancos entre 1880 e 1930 muda radicalmente a composição "racial" e social da sociedade brasileira — muito especialmente no estado de São Paulo, o mais importante, mais rico e cada vez mais populoso e decisivo para a definição do tipo de dinâmica social do país. A relação dos brancos italianos, espanhóis e portugueses, que chegavam aos milhões, com a elite nacional não foi, de início, nada fácil. Acima de tudo, os italianos e espanhóis, com uma tradição de luta sindical e anarquista, inauguram as primeiras greves gerais de sucesso em São Paulo.[7] A greve geral de 1917, vencida pelos trabalhadores, é um dos pontos altos desse desenvolvimento. A elite industrial incipiente da época posteriormente trai o acordo com os trabalhadores e ordena a perseguição de seus líderes, que são presos, deportados ou enviados para morrer de malária no Amapá.

Como a "democracia" da República Velha era mera fachada, com eleições nas quais votavam 2% da população — e ainda assim eram fraudadas a bico de pena —, a reação contra esse arranjo começa a se avolumar. As Forças Armadas, especialmente o Exército, se tornam um bolsão de rebeldia contra o restritivo domínio da elite agrária. O tenentismo, a partir de 1922, simboliza o descontentamento do jovem oficialato, como também dos vários setores menos organizados da crescente classe média que então se formava nas cidades mais importantes. A crise de 1929 tem o condão de mobilizar também elites subalternas

7 *Ver* Jessé Souza, *Brasil dos humilhados*, *op. cit.*

e regionais, o que leva à derrocada do regime da República Velha, em 1930, com a entronização de Getúlio Vargas como seu líder principal.

Pouco a pouco, em um caminho certamente eivado de contradições, avanços e recuos, Vargas delineia, pela primeira vez, um projeto alternativo de sociedade e de economia para o Brasil, que ainda estava sob o comando de uma elite agrária decadente, tacanha e provinciana. Ele inicia um processo de "modernização" da sociedade brasileira, a exemplo do que ocorria internacionalmente com os países mais dinâmicos da periferia do capitalismo, como Turquia, México e Argentina, com base na industrialização, urbanização acelerada, inclusão e mobilização das camadas populares e na construção de uma burocracia racional de Estado.

O "Estado reformador", como vetor do desenvolvimento nacional, simbolizava um acordo de classes entre uma nascente burguesia industrial e as massas populares que acorriam às cidades em franca expansão. A partir daqui, teremos uma luta entre esses dois projetos alternativos de sociedade: um mais inclusivo e reformador, com o Estado representando o estimulador do desenvolvimento nacional, e o velho projeto de elites predatórias, agrária e financeira, que se utilizam do Estado como seu banco particular, vendendo e explorando as riquezas de todos para encher o próprio bolso.

Decisiva para o sucesso do projeto varguista, ainda que parcial e interrompido, foi a mobilização dos desorganizados setores populares por meio da propaganda estatal. É aqui que se dá o acordo objetivo entre duas personalidades separadas por discordâncias subjetivas profundas: Getúlio Vargas e Gilberto Freyre. O elitismo e o conservadorismo político de Freyre são incontestes. No entanto, ele vai exercer papel central no processo de inclusão popular comandado por Vargas. E vai ser também, comparativamente, menos racista e elitista do que todo o "panteão sagrado" dos intelectuais mais influentes do século XX, considerados até hoje os mais brilhantes do país.

Isso se deve ao esforço de Freyre de criticar o novo "racismo cultural" americano que então se formava e pleiteava a substituição do "branco" pelo "protestante ascético" como o novo "representante do espírito" e, portanto, da pretensão de legitimar, de modo aparentemente novo e "científico", a dominação dos Estados Unidos e do Norte global sobre os povos considerados inferiores. Assim se dava a impressão de se ter superado todo tipo de racismo racial, em uma época em que o "racismo científico" perdia sua validade científica e parte de seu poder de convencimento. No entanto, o "protestante" vai incorporar precisamente as mesmas virtudes do "espírito" que já caracterizavam o branco: ser mais inteligente, honesto e bonito. Criava-se, nas universidades americanas, precisamente na época que Freyre foi estudar nos Estados Unidos, um novo "culturalismo científico" — desde o começo do século XX hegemônico e praticamente sem críticas até hoje — que prometia ser algo muito diferente e melhor do que o "racismo científico" europeu do século XIX.

Na verdade, o racismo apenas troca de roupa e se despe das vestes do racismo racial e se traveste das reluzentes vestes do racismo cultural. Assim, em vez de se falar no "estoque racial", para a explicação do comportamento diferencial de indivíduos e sociedades, fala-se agora de "estoque cultural". Como a "cultura" — como a suposta e ridícula tese da maldição portuguesa da corrupção no Brasil — vai tender a ser compreendida como tão imutável e construída do mesmo modo impressionista quanto as características "raciais" pareciam ser antes, trata-se de uma troca de seis por meia dúzia. Com a vantagem de que ninguém vai perceber o "racismo" se manifestando exatamente do mesmo modo, mas fingindo ser outra coisa. Como nem intelectuais nem as pessoas comuns costumam perceber a hierarquia espírito/corpo definindo todos os princípios de classificação e distinção social, basta para a reprodução da dominação se revestir de outra roupagem, para que o mesmo preconceito, para os mesmos fins de justificar a exploração e a humilhação, continue a ser eficaz. Mais uma comprovação da necessidade de se perceber o racismo como um fenômeno multidimensional. Do contrário, somos feitos de tolos o tempo todo.

Ainda que não tenha percebido a estrutura multidimensional do racismo que lhe teria possibilitado denunciar o esquema (como estou fazendo neste livro), Freyre luta "dentro" do contexto do racismo cultural, pretensamente científico, ou seja, dentro do terreno demarcado pelo inimigo. Desse modo, ainda que não denuncie a farsa da redução ao corpo e da condenação à animalidade de indivíduos e coletividades que todo racismo vai ter como fundamento, Freyre tenta, desesperadamente, construir as "virtudes ambíguas" de povos que foram condenados ao corpo e aos afetos. É justo nesse esforço que ele cria o primeiro "mito nacional brasileiro", antes inexistente devido à impossibilidade de as pessoas se identificarem com algo exclusivamente negativo e degradante.

Freyre tenta pôr de cabeça para baixo a hierarquia moral dominante que contrapõe espírito e corpo como a oposição fundamental e raiz de todas as outras, construindo a ideia do "bom mestiço" como o tipo social mais representativo da "cultura brasileira". Desse modo, pela primeira vez, o povo brasileiro não é visto como a "lata de lixo" do mundo. É Freyre quem cria a ideia de que nosso povo, embora reduzido aos afetos e ao corpo, teria vantagens que os povos do espírito, especialmente o americano, não teriam, como a afetividade e o "calor humano"; a suposta abertura ao diferente; a celebração de uma sexualidade supostamente mais "quente" que a dos americanos e europeus; e a habilidade de juntar e sincretizar influências das mais variadas culturas e "raças". Essa é a ideia, até hoje, que todo brasileiro replica, sem saber de onde vem, quando pensa em nossas "virtudes singulares". Freyre dá corpo e expressa o desejo de toda uma geração de brasileiros ansiosos, como os da Semana de Arte Moderna de 1922, em São Paulo, em conseguir alguma autonomia do jugo cultural europeu e americano.

Vargas percebe a importância fundamental de uma redenção e revalorização simbólica e cultural do povo brasileiro, mestiço e negro, para seu projeto de industrialização e inclusão popular. Na medida em que implica uma redenção do povo mestiço e celebra a contribuição cultural do negro, ela permite, pela primeira vez no Brasil, uma política que não culpa o povo pelo próprio abandono e humilhação. Muito pelo contrário, a construção do Brasil moderno passa a estar centrada no apelo à participação popular. Essa participação era percebida, certamente, através do prisma da tutela do Estado reformador. O decisivo, no entanto — e que escapa à maioria das análises que enfatizam a oposição da "ditadura Vargas" à supostamente maravilhosa "democracia" da República Velha —, é o caráter universalizante e inclusivo do projeto varguista. Afirmar isso não implica desconsiderar as ambiguidades do governo Vargas, muito menos que ele fosse um homem de seu tempo com todas as contradições que isso envolve.

Mas a união das perspectivas de Freyre e de Vargas foi a primeira — e até hoje a única — "revolução cultural" que o país teve, em um sentido que condenava o racismo aberto e explícito que existia anteriormente. Assim, por exemplo, no contexto da legislação trabalhista, é importante notar não apenas o reconhecimento e a proteção da jornada de oito horas, da regulação do trabalho da mulher e do menor, além da lei de férias, instituição da carteira de trabalho e do direito a pensões e à aposentadoria. É especialmente importante, para nossos fins, o Decreto nº 19.482, de 12 de dezembro de 1930, que ficou conhecido como Lei de Nacionalização do Trabalho ou "Lei dos 2/3". A legislação limitava a entrada de estrangeiros no Brasil e determinava que dois terços das vagas de emprego em "empresas, associações, companhias e firmas comerciais que explorem, ou não, concessões do Governo Federal ou dos Governos Estaduais e Municipais" deveriam ser ocupadas por brasileiros natos.

A Lei dos 2/3 tornava possível o acesso ao emprego, sobretudo do trabalhador nacional negro, que havia sido literalmente expulso do mercado de trabalho competitivo pelo imigrante italiano e pelo espanhol nas indústrias e pelo imigrante português no comércio. É importante notar aqui que o negro e a negra, no contexto da República Velha pós-abolição, tiveram seu papel produtivo redefinido para que pudessem continuar ocupando as mesmas funções humilhantes e desqualificadas que desempenhavam antes, na sociedade escravocrata. A mulher negra, por exemplo, tinha lugar garantido na nova ordem, desde que aceitasse ser a nova "escrava doméstica" dos lares da classe média que se criava ou da antiga elite.

Ao homem negro restavam as ocupações desprotegidas e mal pagas que reproduziam o antigo "escravo de ganho" no meio urbano. Ou ainda, talvez em maior número, a vida marginal, no limite da lei, que o imperativo de transformar a necessidade da vida em virtude e esperteza tinha o costume de celebrar como malandragem. O projeto da República Velha era manter a escravidão sob outras máscaras, fingindo que a soberania popular e a Constituição eram respeitadas. Fora o contraponto inaugurado por Vargas, esboçado por Jango e seguido por Lula e Dilma, o que se tem entre nós é a continuidade da República Velha, em alguns casos com a máscara da novidade, como aconteceu, mais recentemente, no governo Fernando Henrique Cardoso (FHC).

Também esse ponto é bastante mal compreendido. Fala-se muito da influência fascista e nazista na propaganda cultural varguista e se esquece do principal: que a propaganda, no nazismo, servia ao racismo de um povo dominador e conquistador sobre outros mais frágeis, enquanto no varguismo o proselitismo era contra o racismo ao qual o povo brasileiro, muito especialmente o negro e o mestiço brasileiros, era submetido pelo racismo global e por sua própria elite. Esse caráter defensivo, popular e antirracista da propaganda política varguista quase nunca é enfatizado pela leitura dominante daquele período político. Isso mostra bem a eficiência da interpretação elitista de grande parte da intelectualidade brasileira. O caráter antirracista e popular da política cultural de Vargas, no entanto, fica claro quando vemos as políticas de descriminalização das práticas religiosas de matriz africana, como a abertura pública dos terreiros de candomblé, assim como a inauguração das primeiras escolas de capoeira, encerrando, assim, séculos de discriminação e perseguição às práticas originais da cultura afro-brasileira.

O mesmo aconteceu com o futebol e o samba, que foram apoiados por Vargas como expressões populares da "brasilidade", ou seja, do esforço de construção de uma identidade positiva para o povo brasileiro que divergisse do racismo explícito, "científico" ou não, hegemônico. O futebol é um exemplo perfeito da antropofagia pregada pelos modernistas de 1922, ou seja, da prática de "abrasileirar" as influências culturais, especialmente europeias, conferindo-lhes um conteúdo original e único. É precisamente nos anos 1930, com decidido apoio de Vargas, que o futebol deixa de ser o "esporte bretão" das elites e dos brancos e se torna o esporte das camadas populares por excelência. A celebração da seleção de 1938 e de seu maior ídolo, Leônidas da Silva, o "Diamante Negro", atesta essa mudança.

Junto com a redefinição popular do futebol, o samba, herança afro-brasileira por excelência, passa a ser celebrado como o núcleo mais importante da cultura popular. Também aqui a influência do Departamento de Imprensa e Propaganda (DIP), satanizado pela propaganda elitista antigetulista no seu apoio aos samba, por exemplo, precisa ser historicamente contextualizada. A oposição do "samba do trabalhador" ao "samba do malandro" se enquadra precisamente no esforço da época de combater a celebração da marginalidade como esperteza e suposta "escolha", quando é, obviamente, transformação da necessidade inexorável, imposta pela exclusão objetiva do negro, em suposta "virtude".[8] Mesmo o apoio ao samba-exaltação, como "Aquarela do Brasil", de Ary Barroso, também se enquadra no esforço de dotar um povo, percebido pela própria elite como lixo inaproveitável, da mínima autoestima necessária para a participação em um projeto coletivo.

De qualquer ponto de vista que se analise, seja pelo da inclusão econômica e política de setores antes marginalizados por meio da institucionalização universalizante de direitos sociais, seja pelo da valorização de uma identidade nacional positiva e afro-brasileira, Vargas representou o contraponto histórico mais importante à dominação racista da elite brasileira tradicional. O que obviamente não implica a inexistência de contradições desse projeto em um contexto de racismo visceral.

---

8 *Ver* Douraci Agostini Duarte e Frank Antônio Mezzomo, "O samba enquanto manifestação cultural e sua utilização como símbolo nacional no Estado Novo (1937-1945)", in: Ricardo Hasper, Eliane Cristina Depetris e Irlene Aparecida de Paula (orgs.), *O professor PDE e os desafios da escola paranaense*, Curitiba, Secretaria de Estado da Educação/Governo do Estado do Paraná, 2012. *Ver também* a tese de Luísa Alves Pessanha, *De malandro a nacional: o papel do samba na propaganda ideológica varguista*, Brasília, Universidade de Brasília, 2016.

De qualquer modo, acolhendo e materializando as demandas de renovação popular do que havia de melhor da inteligência nacional da época, como os modernistas de 1922, além da transfiguração positiva do mestiço e do negro por Freyre, Vargas logra construir uma imagem positiva do Brasil popular, mestiço e negro.

A REAÇÃO ELITISTA A VARGAS OU COMO O FALSO MORALISMO ANTICORRUPÇÃO SUBSTITUI O RACISMO RACIAL

Que Vargas tenha desempenhado um papel importante na construção de uma identidade nacional sincrética e popular não significa, obviamente, que o Brasil tenha se transformado em uma "democracia racial". Longe disso. Uma transformação desse tipo exige o esforço de gerações em uma mesma direção. No entanto, sua ação foi o primeiro grande movimento nacional articulado para reerguer a autoestima e a autoconfiança das camadas populares, mestiças e negras, da população. O sucesso, ainda que apenas parcial, foi decisivo. A articulação entre o esforço político organizado do varguismo e a nova identidade nacional baseada no "bom mestiço" de Freyre conseguem não uma "democracia racial", mas, pelo menos, interditar o racismo explícito que vingava antes de 1930 no Brasil.

Era comum, antes de 1930, como Freyre mostra em *Ordem e progresso*, anúncios de jornais importantes, como o *Diário de Pernambuco*, em que se procurava empregada doméstica, como sempre negra e pobre, que não tivesse esquecido, além dos serviços de casa, como se tira "leite de pau".[9] É esse tipo de racismo aberto e explícito que é interditado pela ofensiva cultural de Vargas. É essa mesma proibição do racismo aberto que o movimento pelos direitos civis vai conquistar também nos Estados Unidos, a partir dos anos 1960. A interdição do racismo explícito é certamente um passo importante na luta contra o

---

9 Gilberto Freyre, *Ordem e progresso*, *op. cit.*

preconceito. Afinal, as formas mais violentas e explícitas de racismo são banidas da esfera pública; um passo necessário, mas não suficiente. Seria preciso um aprofundamento do embate antirracista que não pode ocorrer devido à reação elitista.

É aqui que entra um aspecto decisivo para a compreensão da sociedade brasileira desde então. Quando se abole o racismo explícito e suas formas mais violentas, não se eliminam por mágica, evidentemente, os "afetos racistas" que correm soltos na sociedade. Afinal, a eficácia do racismo, e de seu processo de animalização e desumanização, é possibilitar todo um mecanismo de distinções sociais para justificar privilégios de uns e a exclusão e o abandono de outros. É assim que as elites redescobrem a importância da cooptação da classe média branca recém-chegada da Europa e que havia recebido Vargas em 1930 de braços abertos, como sua "tropa de choque" contra as pretensões populares.

Os "interesses materiais e ideais" em jogo possibilitavam uma rearticulação objetiva das forças elitistas e da classe média branca. Afinal, a elite agrária e financeira tinha contra Vargas o uso do Estado como catalisador de um desenvolvimento nacional popular e inclusivo. Essas elites sempre quiseram o Estado como seu banco particular e para o assalto às riquezas de todos via "privatizações" de empresas rentáveis, isenções fiscais, dívidas privadas que se tornam "públicas" por manobras fraudulentas — até hoje a "dívida pública" no Brasil não é auditada, ou seja, pagamos o que não sabemos por que e a quem pagamos — e assim por diante. As elites querem — e sempre quiseram — o Estado para roubar o orçamento público e colocá-lo no próprio bolso. Quem rouba há séculos o povo brasileiro é sua própria elite.

Essa era a discordância das elites em relação a Vargas. Mas como transformar e distorcer esse interesse tão mesquinho em uma linguagem que desse a impressão de que se estava defendendo o "interesse geral"? Como conquistar o apoio de outras classes, como a recém-formada classe média branca, para um saque que só beneficia a pequena elite? E isso sem apelar para o racismo explícito interditado enquanto tal por Vargas e sua propaganda. Esse era o dilema da elite tradicional brasileira, muito especialmente a elite paulista, a mais forte e a mais rica do país, que se via sem discurso convincente de modo a mobilizar outros segmentos sociais para combater o varguismo.

É aqui que entra o inegável talento de Sérgio Buarque de Holanda, o mais influente intelectual brasileiro do século XX por qualquer critério objetivo. Vai caber a Buarque a elaboração de uma "nova identidade nacional", ou seja, uma nova forma de interpretar o país e a causa de seus problemas, que pudesse se contrapor ao estrondoso sucesso inicial da leitura varguista e freyriana do Brasil. Para isso, aspecto fundamental, seria necessário "universalizar" o interesse elitista mesquinho, sem apelar, no entanto, para o racismo explícito anterior interditado, como vimos, pela afirmação da autoestima popular por Vargas e Freyre.

Não era um dilema de fácil resolução. É aqui que entra a "genialidade" de Buarque. É nesse contexto que ele vai interpretar a "identidade" do brasileiro e a singularidade da sociedade brasileira, em um sentido diametralmente oposto ao de Gilberto Freyre, ainda que se utilizando do ponto de partida "culturalista" inventado por Freyre no Brasil. Vimos anteriormente que o "culturalismo" vai trocar seis por meia dúzia, na medida em que substitui a noção de "estoque racial" pela de "estoque cultural" na explicação do desenvolvimento socioeconômico diferencial entre as sociedades. O "culturalismo" vai se tornar a leitura oficial "americana" do mundo, fazendo de conta que havia superado todo o racismo do imperialismo europeu anterior.

Na realidade, a extraordinária influência da leitura de Max Weber sobre a gênese do Ocidente será utilizada pelos Estados Unidos — por seu governo diretamente, suas fundações privadas, suas universidades e sua enorme indústria cultural de cinema e entretenimento — para a construção de um racismo disfarçado de modelo cultural. Afinal, a construção dos Estados Unidos como a terra por excelência do "protestante ascético", celebrado por Weber como a base da disciplina, honestidade, autorresponsabilidade e temperança necessárias para a construção do capitalismo, parecia destinada a convencer todos os espíritos. Construía-

-se a ilusão perfeita de um novo racismo que nem sequer se utilizava da palavra "raça", sendo, portanto, muito mais eficaz. Apesar de baseada em uma óbvia contrafação do argumento original de Weber — para quem o protestante ascético necessariamente morre ao se realizar na realidade empírica enquanto capitalista[10] —, esse culturalismo fajuto será a base da "teoria da modernização" americana do segundo pós-guerra. Isso se torna o maior sucesso que uma "ideologia científica" jamais havia alcançado na história. Até hoje pensamos o mundo, das pessoas comuns aos intelectuais, nos termos do culturalismo americano, que finge ter superado todo racismo.

Como vimos, essa superação do racismo científico é ilusória. Afinal, o protestante vai herdar, supostamente, todas as virtudes do "espírito" — inteligência, honestidade e beleza —, as quais, sem tirar nem pôr, já caracterizam o "branco" na sua contraposição ao mestiço e ao negro. Como não se esclarecem as causas históricas da pobreza de uns e da riqueza de outros, o mundo "parece" ser explicável por "estoques" misteriosos de raça ou cultura. A simples substituição de "raça" por "cultura" em nada modifica o intuito racista nem o resultado final de legitimar o racismo.

O que comprova a "genialidade" de Buarque é que ele vai se utilizar tanto da leitura fraudulenta de Max Weber como do culturalismo, mesmo antes de Talcott Parsons, o arauto do culturalismo americano, e da "teoria da modernização" do segundo pós-guerra. Mas Buarque não vai tentar contrapor, como Freyre, as supostas virtudes do protestante, as também supostas virtudes ambíguas do "bom mestiço" de Freyre. O "homem cordial", que Buarque constrói como o arquétipo do tipo social brasileiro, é só defeito e negatividade. Ele é exatamente a imagem invertida no espelho do protestante ascético: menos inteligente e, cereja do bolo, "corrupto" de berço e inconfiável. Nada confirma mais a "tolice da inteligência brasileira" do que o fato de que essa transformação do

---

10 *Ver* Jessé Souza, *Patologias da modernidade*, São Paulo, Kotter, 2021.

brasileiro em "lata de lixo" do mundo foi celebrada por todos — não conheço qualquer exceção aqui — como uma comprovação da objetividade científica e da "coragem crítica" de Buarque!

Estava formada a "nova interpretação racista do Brasil", que culpa o povo pela própria pobreza e miséria, sem sequer se tocar na palavra "raça", dada, como vimos, a interdição do racismo explícito na esfera pública brasileira pelo trabalho de Vargas e Freyre. Mas Buarque não parou por aí. Não só o povo brasileiro volta a ser a "lata de lixo" do mundo, como havia sido para o racista Gobineau antes, mas também o produto mais acabado de sua corrupção inata é visto por Buarque na política e no Estado — precisamente onde estava Vargas. Agora, o quadro se torna completo. Buarque entrega, *em uma bandeja de prata*, para a elite racista, a justificativa de que ela precisava a fim de pleitear novamente o Estado e o orçamento público para seu bolso, ao mesmo tempo que criminaliza o voto e a participação popular.

O embuste só se torna completamente compreensível quando lembramos que, precisamente nessa mesma época, nos anos 1920 e 1930, começa a circular uma interpretação do estado de São Paulo e de sua elite como sendo o berço de um equivalente funcional do protestantismo ascético no Brasil. O bandeirante paulista, caçador de índios, é travestido de "protestante ascético" e visto como infenso à tradição de corrupção, que passa a ser associado ao Estado de qualquer época da história luso-brasileira. Assim, precisamente por ter sido "esquecido" pelo Estado português, o bandeirante paulista se torna o "empreendedor", autônomo e independente como o protestante o era, e o estado de São Paulo se torna uma espécie de "Massachusetts tropical", legitimando seu destino de "civilizar", no sentido de "americanizar" e "sãopaulizar" o restante do Brasil. Alguns poucos, como Vianna Moog,[11] percebiam o ridículo da coisa toda, mas a maioria embarcou de cabeça na aventura. A obra histórica, inclusive, do próprio Sérgio Buarque é uma tentativa

11 Vianna Moog, *Bandeirantes e pioneiros*, Rio de Janeiro, José Olympio, 2011.

de comprovar empiricamente essa tese absurda. Toda uma geração vai ajudar nesse intento.[12]

Agora sim, Buarque entrega literalmente tudo que a elite predatória precisa. Na verdade, o "homem cordial" corrupto de berço deixa de representar o "brasileiro em geral" e passa a expressar apenas o brasileiro das classes populares mestiças e negras. Afinal, como vimos, a elite paulista se vê como "americana", ganhando a legitimidade que precisava para civilizar o Brasil português e supostamente corrupto por conta disso.[13] Decisivo, para a compreensão do quadro geral, é que os milhões de italianos, espanhóis e portugueses que acorrem a São Paulo e ao Sul do Brasil já se viam como distintos do povo mestiço e negro pela própria origem europeia recente.

Então, podemos compreender todo o efeito, similar a uma contrarrevolução simbólica e ideológica, contra Vargas, contra Freyre e contra, acima de tudo, a inclusão popular da época como uma possibilidade criada por Buarque, com seu inegável gênio, que se cristalizou como uma justificativa e uma legitimação destinada a comandar a imaginação do país até hoje. O problema do Brasil volta a ser, como era antes de 1930, o próprio povo mestiço e negro. Culpa-se, novamente, a vítima pelo seu abandono e perseguição. O "homem cordial" de Buarque, nesse contexto que reconstruímos aqui, se torna a reedição perfeita do pior racismo do tipo do conde Gobineau, do brasileiro como "lata de lixo" do mundo. Se, em Gobineau e na intelectualidade racista da época, a causa é racial, em Buarque o enunciado se moderniza, tira onda de que não é mais racista e se torna "racismo cultural", mas produzindo o mesmo tipo de desprezo contra precisamente os mesmos humilhados e oprimidos que haviam sido vítimas do racismo racial. E foi justamente essa transformação do povo brasileiro em pura negatividade e "lixo do mundo" que foi percebida — não conheço exceções aqui — pelos

---

12 *Ver* Robert Wegner, *A conquista do Oeste*, Belo Horizonte, Editora UFMG, 2000.

13 *Ver* Simon Schwartzman, *São Paulo e o Estado Nacional*, Rio de Janeiro, Difel, 1982.

intelectuais brasileiros de ontem e de hoje como a prova mais irrefutável da genialidade e coragem crítica de Buarque. Por conta disso, ele é o intelectual mais repetido e admirado desde então. O Brasil gerou, a partir daí, gerações inteiras de intelectuais colonizados e servis por conta dessa teoria antipopular e elitista.

É por conta disso, precisamente pelo poder camaleônico dos racismos, no plural, que podemos dizer ser uma arrematada "burrice" se imaginar que o racismo é um fenômeno apenas "racial". O racismo tem várias vestes. Como demonstrei, com bastante detalhe, no livro *Como o racismo criou o Brasil*, o "racismo multidimensional" é a estrutura básica do mundo que conhecemos. O "racismo global" implica a construção de sociedades supostamente honestas e moralmente superiores no Norte global, de tal modo a legitimar o saque da América Latina, da África e da Ásia, por boas razões. A partir disso, podemos observar situações em nossa sociedade que refletem a mesma dinâmica colonial. A Operação Lava Jato, apoiada pelos americanos, mostrou à perfeição como isso funciona ainda hoje. Basta reafirmar cotidianamente o preconceito do "povo corrupto", para que passe a ser possível e natural o Brasil empobrecer e passar todas as suas riquezas para os americanos, supostamente tão "honestos" e superiores. A destruição da autoestima de um povo o leva a se pensar como objetivamente inferior, se tornar servo e ser com facilidade colonizado pelos povos que o dominam.

Compreender o racismo simplesmente como uma discriminação de "raça" — a palavra mais evidente quando falamos de racismo — é não apenas mentira, mas também um "tiro no pé" de qualquer luta antirracista que, ao cair nessa redução, se torna literalmente cega para as máscaras que o racismo racial assume para continuar vivo fingindo que morreu. O culturalismo de Sérgio Buarque — que se torna imagem oficial do Brasil seguida por quase todos os intelectuais até hoje — é a mais perfeita e engenhosa reedição do racismo racial que imperava antes de 1930, sem ao menos mencionar a palavra "raça". Toda a máquina editorial, universitária, cultural e midiática nas mãos da elite brasileira, comandada pela elite paulista, vai passar a bombardear diariamente o povo com a interpretação de Buarque.

O tema da corrupção — por definição, agora, apenas presente na política e no Estado — mata dois coelhos com uma só cajadada: invisibiliza o saque da elite, já que o Estado foi transformado no "bode expiatório" perfeito para explicar a pobreza da maioria, e ainda criminaliza a participação e o voto popular, já que produto do "homem cordial", como vimos, apenas referente ao povo pobre, mestiço e negro. A dominação social mais perversa, que exclui e marginaliza o povo, e assegura que uns poucos — elite e classe média branca — fiquem com tudo por suposto "mérito moral", foi a produção mais acabada do mais influente pensador brasileiro, até hoje tido pela imensa maioria, tanto pessoas comuns como intelectuais, como um grande pensador crítico e revelador do jeito de ser do brasileiro.

Em toda a grande mídia, a interpretação de Buarque passa a ser veiculada como material do dia a dia que "esclarece" às classes populares como o país é rico, mas seu povo é pobre. A explicação dos intelectuais, como Buarque e todos os influenciados por ele, chega assim à casa dos brasileiros e passa a influenciar os almoços de família e todas as conversas de boteco país afora.

Essa nova leitura dominante subordina, ainda que sem eliminar completamente, a leitura varguista e freyriana anterior. Passa-se a justificar, então, uma cultura de golpes de Estado que se cria no país toda vez que um novo "Getúlio" — como Jango, Lula e Dilma — ousar dividir as riquezas e tentar incluir o povo pobre, mestiço e negro na agenda de investimentos públicos. Basta que a imprensa elitista "escandalize" supostos casos de corrupção — que não precisam sequer chegar à Justiça — e mande a tropa de choque da elite às ruas em arremedo de participação popular. Esse é o papel da classe média branca, que passa a se ver como "portadora da moralidade pública" no golpismo à moda brasileira.

A elite pode, assim, continuar saqueando as riquezas de todos e pôr o orçamento público no bolso. É para isso que se deseja controlar o

Estado e a política. E a classe média branca pode, agora, monopolizar os bons empregos no mercado e no Estado, por conta da exclusividade do acesso ao conhecimento de ponta e capital cultural de prestígio — das grandes universidades e das línguas estrangeiras — para que a manutenção do povo na pobreza e na miséria permaneça. O racismo racial e de classe, travestido de "moralidade pública", ou seja, travestido de "racismo cultural", se torna a linguagem dominante da sociedade brasileira, perpetuando o racismo de classe e de raça e legitimando "moralmente" a desigualdade e a exclusão.

A farsa da classe média branca "moralista" pode ser facilmente desfeita se pensarmos na diferença de reação dessa classe no caso da corrupção filmada e gravada de Aécio Neves e Michel Temer. Basta lembrar do caso da mala — retirada em um restaurante e carregada por um deputado federal e ex-assessor especial do presidente Michel Temer — que todos ouviram e viram em rede nacional, em 2017, e comparar com a reação à corrupção apenas suposta e nunca provada de Lula e de Dilma. Poucos meses antes do caso da mala, meras denúncias e suposições sem prova levaram milhões de "branquinhos", bem-vestidos e histéricos, às ruas a bradar contra uma suposta corrupção sem justiça, sem prova e sem direito a defesa. Assim, os representantes do saque da elite, filmados e gravados em detalhes sórdidos, mesmo com uma alusão a assassinato, como fez Aécio Neves, não convenceram um só "branquinho histérico" a sair às ruas. Obviamente, a classe média branca e falso-moralista não possui — nem nunca possuiu — qualquer problema com a corrupção, desde que seja praticada pela elite. É assim que as ciências sociais "provam" a falsidade dos motivos que levam a um comportamento coletivo tão diferente. Na realidade, o problema da classe média branca é com qualquer forma de inclusão popular, pois teme a concorrência aos seus privilégios educacionais. Como, no entanto, não é de bom-tom ser explicitamente racista no espaço público, então é necessária uma máscara para o racismo de classe e de raça. O falso moralismo é a resposta a essa necessidade. Transforma o canalha racista da classe média em "defensor da moralidade pública"!

Para a elite e a classe média privilegiada e racista, esse é o melhor dos mundos. Uma fica com todo o dinheiro, e a outra fica com a exclusividade dos bons empregos e do "reconhecimento social" que a "distinção social" do falso moralismo permite. Desse modo, a classe média branca e racista é transformada na "classe contrarrevolucionária" brasileira por excelência, agitando e tomando as ruas sempre que a imprensa da elite a convoca para brecar qualquer inclusão popular e o uso do Estado para a maioria da população.

O falso moralismo da falsa luta contra a corrupção age em nome da hipocrisia da elite e da classe média branca para perpetuar privilégios escravocratas e manter o povo pobre, humilhado e excluído. É uma estratégia para recobrir, com o falso manto da "moralidade", os piores preconceitos contra negros e pobres, que de outro modo não poderiam ter sido assumidos. Essa é a máscara que o racismo racial e de classe assume no Brasil para poder se perpetuar sem se mostrar como racista. Uma "maquiagem" dos piores sentimentos, propiciando autoengano e o engano dos outros para legitimar um comportamento egoísta, mesquinho e cruel.

DA CRIMINALIZAÇÃO DO POVO À CRIMINALIZAÇÃO DA POLÍTICA E DA SOBERANIA POPULAR

Ao definir o homem cordial, literalmente o "homem do coração", como o protótipo do brasileiro do povo, e ao defini-lo apenas negativamente, Buarque cria os fundamentos da ciência conservadora do Brasil moderno que se vende com ares de crítica. Essa é a marca central da ciência social dominante no Brasil. É produto do que há de mais racista, preconceituoso, conservador e superficial, ainda que, até hoje, Buarque seja visto pela maior parte de nossos intelectuais como o nosso maior "pensador crítico".

Mas o sociólogo mais celebrado não cria apenas a sociologia oficial do povo brasileiro. Ele cria também a política oficial do vira-lata tupiniquim. O homem cordial dominado por seus afetos animais é refletido e duplicado na noção de "Estado patrimonial", até hoje o conceito mais importante por meio do qual os intelectuais e jornalistas interpretam o Brasil. Habitaria esse Estado uma elite que vampirizaria a sociedade e se comportaria exatamente como o homem cordial faz com os outros na vida social. Homem cordial e Estado patrimonial se transformam paulatinamente na versão oficial, supostamente crítica, que a sociedade brasileira apropria para si mesma. Depois de Buarque, praticamente todos os grandes pensadores pátrios vão repetir, no todo ou em parte, esse raciocínio.

Imbuídas da marca do prestígio científico — não esqueçamos: é a ciência quem diz, hoje em dia, o que é verdadeiro ou falso e o que é certo ou errado —, essas ideias vão tomar o mundo. E as ideias dominantes ganham o mundo sempre de modo semelhante. Elas se associam a interesses econômicos e políticos poderosos e passam a ser ensinadas em escolas e universidades, formando as elites do capital cultural que depois exercem as funções centrais para a reprodução da sociedade e da legitimação dos próprios privilégios. São essas as ideias dominantes que estarão na mente de quem julga sentenças, de quem escreve nos jornais, de quem faz a cabeça da sociedade como "formadores de opinião". Nenhuma dessas pessoas — fundamentais para a forma como uma sociedade se imagina e se pensa — "cria" ideias. Elas podem ter ênfases pessoais de um aspecto ou outro, mas a criação das ideias centrais por meio das quais a sociedade inteira se interpreta é sempre, nas sociedades modernas, produto de especialistas e intelectuais como Freyre e Buarque.

Por conta disso, o debate de ideias é tão importante: para que percebamos como se dá a legitimação do mundo e dos interesses que estão ganhando e desejam se reproduzir eternamente. O exemplo de Buarque é perfeito. Ao demonizar o Estado patrimonial, ele abre caminho para o endeusamento do mercado como reino de todas as virtudes. Esse endeusamento se dá pela oposição binária com o balaio de maldades supostamente representado pelo Estado. O mercado passa a ser, em todos os epígonos de Buarque — ou seja, para a grande maioria da inteligência nacional —, a liberdade democrática, o empreendedorismo, a coragem do risco e a verdadeira fonte criativa e pulsante da sociedade. Passa a ser, precisamente, tudo aquilo, como veremos mais à frente, que ele mesmo jamais foi no Brasil.

Foi desse modo que se deu, com o prestígio da ciência, a justificação da elite do latifúndio e do dinheiro fácil brasileira. Para além da justificação mais geral do capitalismo, que celebra a suposta maior racionalidade do capitalismo moderno, desenvolvemos entre nós uma sociologia vira-lata para expressar nosso complexo de vira-lata. Esse sistema de ideologia e identificação é circular. Supomos que em outros lugares as pessoas não confundem o público e o privado, são honestas e interessadas no bem público etc. Existe toda uma admiração basbaque pelas "raças superiores" cujo núcleo é uma demonização do Estado e a divinização do mercado. Imagina-se, erroneamente, que os Estados Unidos foram construídos pela "espontaneidade do mercado" e por isso são tão livres e maravilhosos.

Literalmente, todos os mercados capitalistas que lograram dinamismo o fizeram com a ajuda decisiva do Estado, inclusive nos Estados Unidos. De fato, Estado e mercado são inseparáveis. Não existe mercado dinâmico sem a infraestrutura material e simbólica do Estado, que garante todos os pressupostos da atividade econômica e também zela pela segurança contratual por meio do aparato judiciário e policial. Por sua vez, não existe atividade estatal possível sem os impostos produzidos pelo mercado e pela atividade econômica. O entrelaçamento é total. Qualquer separação é meramente analítica, para fins de compreensão da própria interdependência. Então por que dramatizar um conflito inexistente?

É que a dramatização da oposição entre mercado e Estado, na verdade, é a semântica possível para uma luta de classes tão reprimida no Brasil como o medo da morte. O controle do Estado e do seu orçamento é central, seja para a distribuição de riquezas, seja para seu controle pela meia dúzia de endinheirados que comandam grandes bancos e corporações.

Por isso, a luta pelo Estado é tão central. A pecha de Estado patrimonial — e, portanto, corrupto — serve para dois propósitos básicos: tornar invisível a corrupção legal e ilegal no mercado dominado pela elite do dinheiro e permitir a deslegitimação de todo governo comprometido com o uso do orçamento público para a maioria da população.

Até bem pouco tempo atrás, apenas o servidor público podia ser acusado de corrupção. Isso demonstra o caráter seletivo e arbitrário da própria noção de corrupção. Mostra também como essa noção, precisamente por não ter nenhum sentido preciso, passa a poder ser usada ao sabor das conjunturas contra o inimigo político de ocasião: no caso brasileiro, sempre quando ocorre o uso do Estado para a maioria e não para uma ínfima minoria que tudo controla. O que Sérgio Buarque construiu, e Raymundo Faoro, Fernando Henrique Cardoso, Roberto DaMatta e tantos outros continuaram, foi uma tradição liberal conservadora que se vende como crítica e, por conta disso, se tornou dominante, colonizando, inclusive, a esquerda.

Como a demonização do Estado — principalmente com a republicação de *Os donos do poder*, de Raymundo Faoro, em 1975 — permitiu-se a construção de um discurso conjuntural contra o autoritarismo da ditadura militar, a esquerda encampou essa tese como discurso próprio. Boa parte do republicanismo ingênuo da esquerda no poder, por exemplo, reforçando o corporativismo da "casta jurídica" quando imagina que contribui para uma justiça republicana, advém dessa incompreensão e da ausência de um discurso alternativo acerca de que tipo de Estado se deseja. Sempre se imaginou que bastava um plano econômico redistributivo, sem que uma reflexão aprofundada sobre o Estado em suas diversas dimensões fosse levada a cabo. Como se sabe, a conta para essa ingenuidade veio salgada.

Para a direita, que hoje passa a se assumir enquanto tal, por sua vez, esse discurso dominante permitiu atribuir prestígio científico a toda estratégia de privatização e captura do Estado. Essa captura do Estado pela elite do dinheiro é a corrupção real e verdadeira, mas não é percebida enquanto tal, seja pela maioria da inteligência nacional, seja pela imprensa comprada e sócia na rapina. Esse discurso, que só desfruta autoridade porque emana da aura do "prestígio da ciência", é também o discurso por trás de toda estratégia de eliminação golpista do inimigo de classe quando, eventualmente, é alçado ao poder. O teatro construído aqui se destina a mostrar que a privatização do Estado — a confusão do público com o privado — é obra de quem serve ao Estado.

Como a real captura e a privatização do Estado se dão pelas forças do mercado — via Congresso e imprensa comprados ou por pressão econômica —, tanto para se apropriar do orçamento do Estado quanto para a aprovação de leis de interesse do capital, a demonização do Estado permite tornar esse processo invisível. Como o mercado é visto como o reino de todas as virtudes, da liberdade, do empreendedorismo, da aventura e do risco — ou seja, tudo que os capitalistas brasileiros nunca tiveram —, a farsa se completa. A distorção e a inversão do mundo como ele é se tornam perfeitas. A imprensa apenas reproduz os preconceitos de uma visão de mundo que está incorporada de modo acrítico em jornalistas, professores, juízes, economistas e engenheiros, que aprenderam em todos os cursos de todas as universidades a perceber o Brasil por olhos tão distorcidos. Sem o trabalho prévio de intelectuais como Buarque, o tema da corrupção apenas do Estado e apenas da esquerda jamais teria tido a penetração e o prestígio que desfrutou e desfruta até hoje.

NOSSO BERÇO É A ESCRAVIDÃO (E NÃO PORTUGAL) E A NOSSA ELITE É A DA RAPINA DE CURTO PRAZO, NÃO A DO PROJETO NACIONAL

Vimos, anteriormente, que o conto de fadas para adultos da suposta herança portuguesa maldita e da corrupção como dado cultural e histórico apenas do Estado não é uma história neutra e sem intenções políticas. Veremos, adiante, que o casuísmo golpista de hoje deixa de demonizar o Estado para demonizar apenas o Poder Executivo — afinal, o Congresso foi comprado em grande medida e o Poder Judiciário funciona como partido corporativo para manter suas regalias e seus privilégios. A vantagem das épocas de crise é que a fraude e a mentira ficam expostas para qualquer pessoa que tenha ainda dois neurônios sobrando depois de anos a fio de bombardeio diário de veneno midiático.

Mas se não viemos de Portugal, de onde viemos então? Como os seres humanos se comportam de acordo com os estímulos institucionais de prêmio e castigo, temos então de perceber qual — ou quais — instituições foram aqui implantadas e de que modo nos moldaram. Perceber a eficácia institucional é fácil. Todo mundo teve uma família e foi disciplinado nesse contexto. Na família, a obediência é premiada com carinho, aprovação ou presentes, e a desobediência é combatida com castigos, não obrigatoriamente físicos. Na escola, o padrão pouco muda. No mundo do trabalho, a relação se torna mais impessoal, mas reproduz basicamente o mesmo esquema.

Se assimilarmos isso, nós compreenderemos, em grande medida, como a sociedade funciona. Os pensadores pioneiros e mais importantes de nossa ciência social dominante não o compreendiam e, portanto, falsearam sistematicamente nossa história. É que a instituição básica da história brasileira foi a escravidão, que não existia em Portugal (a não ser de modo muito tópico e passageiro). Como afirmar nossa continuidade com os portugueses se fomos moldados por uma prática diária diametralmente oposta? Em Portugal, a Igreja católica era muito importante, sendo, inclusive, instância de recursos judiciais — o famoso "vou reclamar com o bispo" —, muito especialmente quando poderosos estavam envolvidos. Aqui, o capelão era funcionário sem formação religiosa da casa-grande e não raro possuía seu pequeno harém de mucamas.

A tese da continuidade com Portugal só serve para montar uma caricatura em que a corrupção e o estatismo já viriam por vínculos culturais há séculos, desde o Portugal medieval de 1381. É caricatural porque só se pode falar de corrupção no sentido que utilizamos hoje em dia a partir da noção, muito mais tardia — das revoluções americana e francesa, ou seja, quatrocentos anos depois do medievo português —, de "soberania popular". É apenas a universalização da ideia de "soberania popular" que possibilita a noção de "bem público" — senão é impensável. E sem a noção de "bem público" não podemos ter um particular roubando em proveito próprio. A tese da herança da corrupção ibérica como principal traço cultural brasileiro é uma ideia ridícula e falsa, mas todo o Brasil acreditou — e a maioria ainda acredita — nessa palhaçada. Raymundo Faoro comete esse engano pueril e todos acreditam apenas porque o que importa nessa narrativa é o efeito político, embora seu compromisso com a verdade seja nulo.

No Brasil, todas as instituições — e não apenas a Justiça — foram moldadas pela escravidão. A família ampliada envolvia, como se sabe, a mulher branca e várias concubinas negras que competiam pelos favores do senhor e de sua família. Os filhos mestiços do senhor competiam muitas vezes com os filhos legítimos, e os senhores tinham poderes ilimitados, tendo permissão para matar filhos ou mandar a esposa para um asilo, caso quisessem se casar com uma mulher mais jovem. A família era, portanto, escravocrata e refletia o poder sem limites do senhor de terra e gente.

A economia e a política também obedeciam ao mesmo princípio. Os "homens livres", que chegaram a ser mais numerosos que os escravizados no século XIX, eram livres só na aparência.[14] Como a economia era comandada pela lógica escravocrata das grandes plantações, os homens livres empobrecidos eram muito frequentemente o braço armado do senhor de escravos. Eram eles que faziam a justiça com as próprias mãos em nome do senhor e ampliavam as terras de modo violento — como, aliás, acontece até hoje. A economia, a política e a Justiça estavam nas mãos dos grandes senhores. Valia a lei do mais forte, a lei do mais rico, que é até hoje a verdadeira lei no Brasil.

A elite escravocrata é a elite da rapina selvagem e de curto prazo. Vigora a mesma lei do Brasil atual, com uma elite sem projeto para o

---

14 Maria Sylvia de Carvalho Franco, *Homens livres na ordem escravocrata*, São Paulo, Editora Unesp, 2002.

país, mas ansiosa em assaltá-lo — por meio de mecanismos de mercado e de Estado — e privatizar prontamente suas riquezas para encher o bolso de meia dúzia. É isso, afinal, que a privatização sempre representou. Alguma diferença real? Nunca houve verdadeiro aprendizado dessas nossas elites espoliadoras. Existe um vínculo de continuidade real e institucionalizado que faz com que qualquer tentativa — mesmo parcial e frágil, como as que ocorreram até agora — de romper nosso *apartheid* de classes desemboque em golpes de Estado e reação violenta das elites da rapina selvagem.

É o mesmo desde Getúlio Vargas, que desabafava com a filha sobre a dificuldade de convencer os empresários brasileiros da necessidade de uma legislação que protegesse os trabalhadores para evitar revoluções mais radicais. "Eu quero salvá-los e esses burros não percebem", disse ele, segundo seu melhor biógrafo.[15] Desde então, qualquer governo ou partido reformador tenta, sem sucesso, construir alianças com uma parte da classe dos proprietários. A "esquerda" brasileira sempre sonhou com a "boa burguesia" e acordou com o pesadelo do Estado de exceção. A "boa burguesia" foi sempre a burguesia industrial, ou seja, a fração das classes proprietárias que, em tese, teria muito a ganhar com um mercado interno forte e saudável. Afinal, com bons salários para os trabalhadores, o setor industrial poderia vender muito em um mercado interno protegido para seus bens. Também em tese, seria possível uma aliança nacionalista para dinamizar o país e elevar o patamar de compra de todos, assim como a taxa de lucro dos empresários. Nas três décadas que transcorreram entre Getúlio e o golpe de 1964, essa foi a ilusão maior da esquerda nacionalista brasileira.

O golpe de 1964 veio dar um banho de realidade nessas expectativas. O país se modernizou para poucos e construiu um mercado interno bem menor do que se imaginava — literalmente, para 20% da população. Foi o golpe militar que construiu a classe média brasileira moderna, o país para 20%, e forjou o mercado superfaturado para a elite da rapinagem

15 Lira Neto, *Getúlio*, São Paulo, Companhia das Letras, 2019.

secular. Se isso não tivesse acontecido — se as ideias econômicas getulistas tivessem transcorrido pelas três décadas assombradas pela ditadura militar —, teríamos o mercado dinâmico para a maioria que a esquerda tanto sonhava. Mas o que temos é um mercado para poucos, com uma taxa de lucro muitas vezes maior que em outros lugares. Um mercado "protegido" da concorrência internacional não para aumentar sua produtividade, mas para garantir superlucros à elite econômica predatória que sempre pensou apenas no próprio bolso e no lucro de curto prazo.

O namoro entre militares e elite econômica passou a enfrentar problemas quando, no governo Geisel, houve a tentativa ambiciosa de se criar uma forte infraestrutura industrial nacional, ainda que o capital privado fosse sempre bem-vindo. Ernesto Geisel era um remanescente e representante do histórico "nacionalismo" das Forças Armadas que se aliara à esquerda brasileira na primeira metade do século XX. A propaganda anticomunista do pós-guerra articulada pelos Estados Unidos na Escola Superior de Guerra foi forte o bastante para quebrar o vínculo dos militares com a esquerda, mas não com o "nacionalismo" no sentido da construção de um país economicamente forte e pujante. Mas até isso se perdeu. Hoje em dia, as Forças Armadas são comandadas por uma corja venal e mal preparada, como vimos de exemplo com os tantos generais que se aliaram a Jair Bolsonaro.

Voltemos a Geisel. O II Plano Nacional de Desenvolvimento (PND), lançado no fim de 1974, era muito mais articulado e refletido que o anterior e implicava forte intervenção estatal nas áreas de infraestrutura, como produção de energia, sistemas de telefonia, portos, produção naval etc. E é precisamente aí, como reação ao plano de fortalecimento do capitalismo nacional do governo Geisel, que começa o amor repentino da elite brasileira pela democracia. Não era esse, afinal, o jogo imaginado pela elite endinheirada quando apoiou o golpe de 1964, utilizando para isso seus braços no Congresso e na imprensa. A elite que mandava e manda no país pensa apenas no máximo de dinheiro no prazo mais curto possível. O próprio ato de pensar em longo prazo exige a consideração do destino de outros parceiros no jogo político, o que, por sua vez, demanda identidade afetiva e moral com outras classes. E exige de algum modo, portanto, certa impessoalidade de propósitos.

Um projeto de longo prazo para o país foi algo que a elite do dinheiro jamais teve. Para que haja compreensão da necessidade de tal projeto, é necessária alguma forma de identificação afetiva das elites econômicas com o destino do conjunto de toda a nação. Isso jamais aconteceu no Brasil. Todas as escolhas históricas das elites econômicas se deram no sentido de garantir as condições de máxima lucratividade de curto prazo sem qualquer consideração por qualquer outra variável. Essa indiferença afetiva é típica das elites extrativas e escravocratas (afinal, os outros nem "gente" são), mesmo que essa miopia de curto prazo reduza as chances de longo prazo para a construção de um mercado pujante e rico.

Na reação ao governo Geisel, o objetivo foi destruir o mero fortalecimento do Estado como indutor de políticas de longo prazo, ainda que a entrada de capital privado fosse muito bem-vinda. A imprensa conservadora, sócia de todo saque, passou a demonizar o governo Geisel com reportagens sobre "as repúblicas socialistas soviéticas do Brasil", como se a construção de uma infraestrutura potente fosse sinônimo de comunismo. Tudo no mesmo sentido das acusações atuais de "bolivarianismo" e "comunismo" — termos destinados a fechar o horizonte reflexivo com chavões e caricaturas que nada significam, mas que produzem arregimentação afetiva e infantilizada para polarizações políticas de ocasião. O sempre atento Luiz Carlos Bresser-Pereira já observava, em artigo escrito no calor da hora, o aparecimento da reação empresarial sob a forma de um antiestatismo aberto que ainda não se assumia como antigoverno.[16] O contexto das "Diretas Já", com o apoio da mesma elite econômica e da mesma imprensa, sua sócia e irmã siamesa, que antes havia apoiado o golpe de 1964, já permite depreender que o fito da "rapina do Estado" é o mote e fio condutor de todos os golpes. Se o saque se dá em nome do autoritarismo ou da democracia, é algo que diz respeito a mero cálculo

---

16 Luiz Carlos Bresser-Pereira, *O colapso de uma aliança de classes*, São Paulo, Brasiliense, 1978.

conjuntural. Já naquela ocasião, poderíamos — e deveríamos — ter feito esse aprendizado. No Brasil, porém, o esquecimento é necessário para que a história se repita sempre do mesmo modo. Nossa anistia de então foi mais uma "anistia do esquecimento", no mesmo sentido da queima dos papéis da escravidão por Rui Barbosa: para que jamais saibamos quem somos e a quem obedecemos.

O resultado mais óbvio desse processo de rapinagem míope foi uma indústria sucateada, sem estímulo à inovação e sem acesso aos ganhos de produtividade que só a real competição pode propiciar. O período de "privataria" do governo FHC aproveitou esse estado de coisas para promover o discurso da "abertura da economia" e da supostamente necessária "privatização", com a promessa de uma economia dinâmica e de produtos modernos e acessíveis a todos. Aqui entram em cena aspectos obscuros envolvendo conluios entre investidores nacionais e estrangeiros de modo a "privatizar", ou seja, embolsar a riqueza nacional e o acesso a um mercado cativo que foi bom apenas para a elite da rapinagem, como diversos autores tentaram descrever.[17]

A imprensa conservadora cantou em prosa e verso as maravilhas de vender a riqueza acumulada por gerações de brasileiros a preço de banana para o bolso da meia dúzia de sempre. Em conversa com Luiz Carlos Mendonça de Barros, seu auxiliar próximo, FHC chegou a brincar dizendo que o "pessoal" (ou seja, a imprensa "amiga") estaria até exagerando na mão na propaganda da privataria.[18] A ressaca da privataria com dinheiro público do Banco Nacional de Desenvolvimento Econômico e Social (BNDES) e da farra rentista, drenando recursos de todos para a meia dúzia de aves de rapina que compõem a elite do dinheiro, levou à nova possibilidade de acesso de um partido ligado a movimentos populares ao poder. Havia ficado óbvio, afinal, que as políticas liberais só interessavam a esses poucos plutocratas.

17 Aloysio Biondi, *O Brasil privatizado*, São Paulo, Fundação Perseu Abramo, 1999.

18 Citado por Amaury Ribeiro, *A privataria tucana*, São Paulo, Geração Editorial, 2015.

O governo Lula, com conjuntura externa favorável, inaugurou o maior período de crescimento e otimismo em relação ao país, em período democrático, desde Juscelino Kubitschek. Lula adotou uma política de compromisso segundo a qual todos os segmentos sociais auferiam ganhos significativos, muito especialmente os que se situavam nos extremos da sociedade: os muito ricos e os muito pobres. A novidade histórica para nós era a fidelidade política dos excluídos brasileiros, que chamamos provocativamente de "a ralé brasileira" em trabalho empírico sobre essa classe.[19] Pela primeira vez, eles votaram na esquerda.[20]

Programas sociais bem desenhados e efetivados, como o Bolsa Família, não só ajudaram a dinamizar a economia em regiões secularmente esquecidas como o Norte e o Nordeste, como também foram responsáveis por uma significativa mudança política. Os famosos grotões do Nordeste, antes redutos de partidos conservadores como o antigo Partido da Frente Liberal (PFL), operaram uma guinada histórica em favor do maior líder carismático da história brasileira. Essa novidade mudou a política radicalmente e instaurou a possibilidade real de continuidade no poder do Partido dos Trabalhadores (PT). A partir de 2006, um claro recorte de classes dividiu o voto e as opiniões dos brasileiros em duas fatias: a classe média votava nos partidos da elite e as classes populares, mais numerosas, votavam no PT.

A discussão sobre partidos da elite no Brasil deve ser feita *cum grano salis*. Ainda que o Partido da Social Democracia Brasileira (PSDB) tenha tido efetiva penetração nos meios financeiros e empresariais e na classe média paulista e paulistana, é fraco nacionalmente. E, excetuando-se esse partido, as outras agremiações são "ajuntamentos" de interesses muitas vezes contraditórios, representando *lobbies* empresariais ou o mero assalto ao Estado a partir da chantagem partidária que o nosso presidencialismo de coalizão possibilita. Com isso, temos um cenário em que o PSDB é regionalizado demais, enquanto os outros partidos da

---

19 *Ver* Jessé Souza, *A ralé brasileira*, São Paulo, Editora Contracorrente, 2017.

20 André Singer, *Os sentidos do lulismo*, São Paulo, Companhia das Letras, 2012.

elite, até mesmo para cumprir seu papel de representação empresarial e de assalto ao Estado, são incapazes de produzir um discurso minimamente coerente que os permita assumir o papel de protagonistas no jogo político. Desse modo se explica o papel secundário do Partido do Movimento Democrático Brasileiro (PMDB), que, para cumprir sua função de lobista empresarial e aproveitador dos recursos do Estado — na zona cinzenta entre legalidade e ilegalidade —, tem de funcionar como coadjuvante do partido que ocupa o Poder Executivo.

A inexistência de um projeto nacional nos partidos da elite reflete aspectos mais profundos da sociedade brasileira. A elite econômica não possui um "projeto de sociedade" que um partido possa viabilizar ou do qual seja o porta-voz. O PSDB, sob a batuta de FHC, ainda tinha o discurso palpável de reorganização do capitalismo protegido, que foi paulatinamente sucateado nos anos 1970 e 1980.

No primeiro governo FHC, de 1995 a 1998, o projeto de saneamento da economia e o sucesso do Plano Real e do controle da inflação estavam associados às taxas de remuneração únicas no mundo via taxa Selic, em nome do interesse do rentismo. Isso permitiu ampla popularidade pela primeira vez na história do Brasil para um partido elitista. Só mesmo o mais completo desprezo pela sorte dos mais pobres, associado à cegueira política que pensava bastar o controle da inflação para ganhar o apoio da população, impediu o desenvolvimento de qualquer política social consequente de modo a consolidar um projeto partidário de longo prazo. Isso minou o futuro do PSDB como um partido de elite com penetração popular.

A cegueira política do PSDB abriu espaço para a conquista do poder de Estado pelo PT em 2002. Desde o começo do governo Lula, o partido procurou, gato escaldado de frustrações anteriores, uma política de conciliação e compromisso com os donos do dinheiro. Ao mesmo tempo, procurou garantir o apoio dos setores mais pobres com políticas de transferência de renda e apoio à economia popular, como a valorização do salário mínimo. A fórmula de apoio ao rentismo das classes proprietárias, enquanto desenvolvia mecanismos para garantir ganhos reais na base da pirâmide, foi a diretriz política desse período. E seu sucesso permitia antever longa duração no poder. Ainda que de bolso cheio, a elite endinheirada e seus representantes desconfiaram — uma desconfiança de classe — do arranjo político que começava a ganhar corpo.

Foi nesse contexto que a grande imprensa conservadora passou a agir abertamente como uma espécie de partido político da elite do dinheiro. As poucas famílias que controlam a grande mídia brasileira sempre tiveram papel político decisivo para legitimar os arranjos oligárquicos de ocasião — seja no dia a dia, testando as possibilidades de mitigação e reversão de políticas específicas, seja escandalizando e "fulanizando" temas e crises eventuais. Assim como no caso do suicídio de Getúlio e do golpe articulado contra Jango em 1964, uma ampla e profunda campanha de desinformação, distorção e manipulação do tema da "corrupção seletiva" acompanhou a tentativa de destituir o PT do poder já em 2006. O Mensalão, de 2005, foi um ensaio geral para o que aconteceria anos depois na Operação Lava Jato e no processo de impedimento da presidenta Dilma Rousseff.

As denúncias que levaram ao processo do Mensalão deveriam ter resultado numa reflexão acerca da reforma do sistema político marcado pelo protagonismo do Executivo. No nosso "presidencialismo de coalizão", o Executivo tende a ser o único poder com real base popular e representativa, por materializar as demandas e expectativas por um projeto de sociedade específico. O Legislativo é pulverizado e fragmentado pelos mais variados interesses, quase sempre corporativos e operados na sombra dos bastidores. Com os maiores partidos, como o PMDB, representando precisamente esse tipo de interesse menor e corporativo, tanto PSDB quanto PT, quando no poder, tiveram de conviver com a chantagem de quem não tem compromissos com a "grande política" no sentido de defesa de uma visão específica de sociedade.

Ainda que o PSDB, por ser um partido orgânico do rentismo paulista, tenha enfrentado problemas menores com a fragmentação do Legislativo que o PT, cujas origens evocavam mais desconfiança, o problema é estrutural. Assim como no conhecido episódio da compra de votos na reeleição de FHC, qualquer protagonismo eficaz do Executivo implica literalmente comprar — com cargos, concessões públicas ou ainda com dinheiro vivo — um Legislativo fragmentado e politicamente irresponsável no sentido literal do termo. É esse arranjo que hoje mostra sua pior face, um arranjo que necessitava — e ainda necessita — de correção. Essa correção não é a panaceia do parlamentarismo, que apenas legaliza o acordo entre as elites e evita o teste do voto para "projetos de sociedade" em disputa. São necessários, antes de tudo, mecanismos que permitam ao mesmo tempo conferir transparência aos interesses econômicos hoje na sombra e, a partir disso, torná-los objeto de discussão pública.

O Mensalão foi o ensaio geral para o golpismo de hoje, especialmente do seu núcleo fundamental: a ação concertada entre mídia e aparato jurídico-policial do Estado. Como o combate efetivo à corrupção é o último dos objetivos da nossa mídia-partido da elite, a estratégia é novelizar a política e reduzi-la ao embate mocinho *versus* bandido. O bandido é o PT e as classes populares, assim como o projeto de sociedade que eles representam. O mocinho é o aparato jurídico-policial elevado à condição de paladino da higiene moral da nação. O pano de fundo da corrupção "apenas estatal", para tornar invisível a corrupção da elite no mercado que domina, legal e ilegal, é a compreensão hegemônica que permite que toda a farsa funcione. O fundamental aqui é a manutenção da "fulanização da corrupção", ou seja, manipular o discurso da corrupção, tornando invisível seu núcleo real e institucional, concentrando-se apenas em pessoas sempre da esquerda ou da base de apoio da esquerda.

O dado objetivo, real e racional do problema central da relação entre economia e política entre nós foi, portanto, novelizado e transformado em assalto de um único partido ao Estado. A grande farsa que ocorreu entre o Mensalão e o golpe foi uma tentativa de preparar o enterro do PT como partido político. Até então um partido com forte penetração na classe média por meio do discurso da "ética na política", o PT sofreu fortes perdas nesse segmento social. Nesse estrato, a mídia-partido, posando de neutra e de instituição de utilidade pública, possui efetiva penetração. A classe média, por sua vez, se imagina mais culta e inteligente que os pobres, mas, na verdade, possui poucas fontes alternativas de reflexão autônoma além do veneno midiático de todos os dias. É uma classe que se imagina protagonista quando é instrumento e tropa de choque de interesses que não compreende. Some-se a isso uma tradição intelectual pseudocrítica que demoniza o Estado e esconde os interesses de mercado, e temos a ópera-bufa perfeita para o projeto de rapina selvagem e de curto prazo da elite endinheirada.

Mas como a vida social se transforma ao operar mudanças de agentes sociais essenciais, quem salvou o PT e as eleições de 2006 foram os novos agentes sociais empoderados pelas políticas redistributivas. Os excluídos brasileiros, secularmente esquecidos e desprezados, puseram a nu um corte de classe que se torna cada vez mais óbvio no Brasil contemporâneo. O Brasil se dividiu ao meio. E, como os pobres são esmagadora maioria, abriu-se uma nova possibilidade para uma política popular, apesar de toda a artilharia do Mensalão e do estrago feito pela campanha midiática, e também apesar de toda a violência simbólica tão bem perpetrada. É nesse contexto que afloram as análises e os editoriais que melhor mostram o caráter protofascista e de violento racismo de classe que a luta eleitoral permite aflorar de forma cada vez mais explícita.

De qualquer modo, os brasileiros aprenderam que, num sistema em que cada um vale um voto, seja para quem nasce na casa-grande, seja para quem nasce na senzala, a bem-sucedida política de inclusão social transforma a classe média e seus segmentos mais conservadores em atores minoritários no jogo político. Estava formada a base para uma hegemonia política de longo prazo. Em um país tão desigual e injusto como o Brasil, uma esquerda minimamente competente tem sempre — quando o projeto não é abortado por golpes de Estado — perspectiva de vida longa no poder.

O segundo governo Lula, de 2007 a 2010, sob as condições favoráveis do *boom* de commodities, representa um dos maiores esforços da política brasileira no sentido da inclusão social da maioria da população secularmente esquecida. Ainda que as condições econômicas tenham sido favoráveis, sem vontade política nada disso teria acontecido. Programas de transferência de renda e aumento expressivo e real do salário mínimo, aliados a maior facilidade de crédito, dinamizaram a economia de baixo para cima. As políticas de acesso à educação para todos foram, antes de tudo, o ponto que me parece mais importante. O aumento expressivo de universidades públicas e de escolas técnicas federais possibilitou um ancoramento institucional fundamental para a ampliação do acesso das classes populares ao capital cultural.

A compreensão da educação como uma variável fundamental para uma ascensão social com mais chances de consolidação no tempo, aliada ao estímulo da autoestima por meio da pregação evangélica, foi outro fator decisivo dessa fase de otimismo geral. A variável religiosa é muito importante. Ainda que a agenda conservadora de muitos líderes religiosos no Congresso seja hoje o fator mais visível, a questão tem muitos outros desdobramentos. Os excluídos não são apenas pobres, quer dizer, faltam-lhes muito mais coisas além de dinheiro. Carecem também dos estímulos afetivos e morais para o sucesso escolar — e depois profissional — que a classe média possui via exemplos incorporados de modo irrefletido e automático por seus filhos e suas filhas como o principal privilégio desde o berço. A confiança em si mesmo é fundamental para qualquer projeto humano, e essa confiança e autoestima são, como todo o resto, privilégios de classe que os abandonados não possuem. A religião evangélica entra nesse cenário prestando esse serviço às classes populares e, como toda religião, cobra por isso. A educação e a disciplina que o desenvolvimento humano requer são construídas — na falta de exemplos familiares — pela religião.

Esse aspecto é fundamental, posto que as estratégias de reprodução de privilégios da classe média tradicional são fundadas na apropriação privilegiada de capital cultural. O estabelecimento de "cotas sociais e raciais", associado a um sistema de bolsas para os mais pobres e ao aumento considerável de vagas, constituiu uma política de grande alcance para garantir o acesso a pelo menos uma parte significativa de alunos vindos de camadas populares. O uso consequente da conjuntura favorável — mantido o acordo básico com o rentismo dos endinheirados — também para a maioria esquecida e desprezada da população brasileira tornou Lula um dos políticos de maior popularidade na história do país.

A eleição de Dilma em 2010 se deu nesse contexto de celebração e esperança em um Brasil com oportunidades para todos. A presidenta eleita logrou, inclusive, criar popularidade com foro próprio na medida em que até mesmo os setores conservadores da classe média a preferiam, por sua origem de classe menos popular, ao presidente Lula. Confiante na sua recém-conquistada popularidade, a presidenta lançou então sua jogada mais arriscada: romper o acordo rentista que havia possibilitado a relativa tranquilidade do segundo mandato de Lula como presidente. O projeto evocava claramente o sonho secular da esquerda brasileira da procura pela "boa burguesia". Agora, como sempre, o alvo do amor não correspondido era a burguesia industrial.

O cálculo da arriscada jogada não era completamente desprovido de lógica. Submeter o país a um regime de juros que se aproximasse do regime mundial implicaria mais investimentos em atividades produtivas que geram emprego e aprofundam o ciclo virtuoso de ampliação do mercado interno, aumento de produtividade e aumento do poder de consumo. Como os empregos produzidos pelo ciclo anterior eram circunscritos a áreas de baixa produtividade e de baixos salários, muito longe da propaganda ufanista da "nova classe média", a ideia, então, era aprofundar o processo inclusivo com o estímulo à indústria e à produção de melhores empregos.

O país que viveu um *boom* de commodities devido a um contexto favorável passageiro teria uma possibilidade de utilizar a bonança acumulada como garantia da bonança futura. Só faltou, como disse

Garrincha, combinar com os russos. Com uma classe de capitalistas que sempre se caracterizou pelo roubo de curto prazo e pela ausência de qualquer projeto nacional, a jogada se revelou uma aventura perigosa que acabaria por minar as bases do governo da presidenta Dilma daí em diante. Como em todos os instantes da vida brasileira moderna, a elite do dinheiro agiu de modo concertado. Afinal, não apenas o capital financeiro auferia lucros estratosféricos, mas também os capitalistas industriais e o agronegócio investiam seu lucro não mais na produção, mas nas gordas taxas de juro que garantiam retorno imediato e sem risco.

Instaurou-se uma batalha pela diminuição do juro e do *spread* bancário, na qual a presidenta apostou todas as fichas e perdeu. Quando o juro voltou a subir, em abril de 2013, ela teve, na prática, todas as frações da elite econômica contra ela. O novo contra-ataque do "partido do dinheiro", a grande mídia, não tardou a acontecer — agora com o aprendizado oriundo do Mensalão: não dá para derrubar o governo sem construir um arremedo de "base social" para o golpe. A nova tática implicava o ataque sistemático e sem qualquer pausa ao governo e ao que ele representava.

O início do novo processo se deu com as Jornadas de Junho, em 2013. O nome estava relacionado às então recentes rebeliões da assim chamada "Primavera Árabe" e à esperança, que se revelaria infundada, de democratização das sociedades assoladas por fundamentalismos religiosos. Também aqui as rebeliões foram rapidamente manipuladas pela mídia enquanto "partido do dinheiro".

As Jornadas de Junho são o começo da luta política atual e serão analisadas a seguir no capítulo destinado a esclarecer a luta de classes invisível que Junho ao mesmo tempo espelha e esconde. É necessário mostrar como nossa outra classe do privilégio, a classe média e suas frações conservadoras dominantes, foi arregimentada e desenvolveu um "novo orgulho de ser de direita", antes inexistente no Brasil. Se na elite econômica a regra é a indiferença *blasé* em relação ao povo, nas frações conservadoras da classe média, o desprezo e até o ódio às classes populares, que só agora se expressa abertamente, sempre foram a regra. São sentimentos típicos de toda sociedade de raiz escravocrata que nunca criticou essa herança.

PARA COMPREENDER A LUTA DE CLASSES NO BRASIL: DA SOCIEDADE DE INDIGNOS À CLASSE MÉDIA INDIGNADA

Para que possamos, no entanto, compreender adequadamente a luta de classes que domina a atual cena política brasileira e serve de pano de fundo ao movimento golpista, é necessário entender as recentes transformações na estrutura de classes da sociedade brasileira. Para isso, é importante reconstruir o processo socioeconômico recente que permitiu a ascensão social de dezenas de milhões de brasileiros, de modo a compreendermos as reações a ele. Entender a ação das classes sociais é tarefa árdua, uma vez que o senso comum compartilhado — no nosso caso, em grande medida fruto do mito nacional criticado anteriormente —, construído pelos interesses que estão ganhando e querem se preservar, evita a percepção verdadeira do papel fundamental das classes sociais com a mesma intensidade com que o diabo foge da cruz.

O mascaramento da perspectiva da classe social é a necessidade primeira de todo discurso de poder. A razão é simples: a abertura à perspectiva de classe permite criticar todos os privilégios injustos que são, todos eles, formados literalmente desde o berço. Essa é a razão profunda de todos os mal-entendidos acerca da definição daquilo que determina a classe social. O primeiro mal-entendido é a confusão economicista de que a classe social é definida pela renda (economicismo liberal) ou pelo lugar na produção e pela ocupação (economicismo marxista). Apesar de cometerem o mesmo pecado, o da percepção unilateral do mundo, como se o comportamento das pessoas tivesse motivação unicamente econômica, as duas formas de economicismo não são iguais e intercambiáveis.

O economicismo liberal é muito mais simplista e enganador. Chega a ser, inclusive, algo absurdo e ridículo se refletirmos dois segundos sobre seus pressupostos. Como a imensa maioria dos conceitos do senso comum, ele só se mantém como válido porque não refletimos a seu respeito. Tomemos como exemplo a escala consagrada em todos os debates jornalísticos sobre classes sociais, que as confunde com faixas de renda — A, B, C, D e E. A ideia "brilhante" por trás dessa divisão é a de que o comportamento diferencial entre os indivíduos é produzido pelo tamanho da renda que se aufere. Assim, os indivíduos da classe A se comportariam de modo tão distinto dos indivíduos da classe E porque, afinal, teriam muito mais capacidade de consumo.

O pressuposto, portanto, é que são indivíduos com uma mesma visão de mundo e com as mesmas capacidades, diferenciando-se apenas pelo poder de compra milagrosamente tão desigual. Como não se fala uma palavra sequer acerca da gênese oculta dessas diferenças tão marcadas, abre-se o campo aqui para as explicações "meritocráticas" que escondem a construção social de todo privilégio individual. Para todos os efeitos, os indivíduos da classe A são trabalhadores e diligentes e os indivíduos da classe E são preguiçosos e burros. No debate brasileiro recente acerca da noção de "nova classe média", a indigência dessa definição de classe se torna ainda mais óbvia: a classe média passa a ser a classe C, posto que estaria no "nível médio" da escala de rendas. É a pseudociência servindo à desinformação geral do público.

Na verdade, a classe social é uma construção socioafetiva que se dá desde o berço no horizonte familiar. Como não existe "a família" no singular, já que cada classe social possui um padrão de socialização familiar distinto, serão essas diferenças de socialização familiar pelo pertencimento de classe que possibilitarão, mais tarde, um acesso ao mercado de trabalho em faixas distintas de renda. A "renda superior" vai refletir, na verdade, uma socialização familiar para o sucesso, primeiro na escola e depois no mercado de trabalho. Aqui, como quase sempre, o obscurecimento da gênese dos processos sociais serve ao interesse político de tornar invisíveis as causas da desigualdade e da injustiça social. As classes sociais e seu estudo são fundamentais, posto que permitem esclarecer o segredo mais bem guardado das sociedades modernas: o fato de que não são "sociedades de indivíduos" que lutam em condições de igualdade de oportunidades, mas, sim, sociedades que perpetuam vantagens injustas pela reprodução, desde o berço, dos privilégios de classe.

Todos nós vimos à exaustão, no período recente de ascensão social das classes populares, exemplos de violenta reação da classe média estabelecida a um processo de ascensão social das classes populares, que foi tachado por muitos como ajuda eleitoral a pobres preguiçosos. Como a reconstrução desse processo de "luta de classes" no Brasil dos últimos vinte anos é fundamental para a compreensão do golpe, realizaremos esse movimento em dois passos: primeiramente, reconstruindo a ideia de classe social e mostrando sua importância fundamental para a compreensão da sociedade; em seguida, analisando a forma opaca sobre como as solidariedades e os preconceitos entre as classes são construídos e como podemos torná-los visíveis.

CAPÍTULO 2

A RADIOGRAFIA DO GOLPE DE 2016

AS CLASSES SOCIAIS NO BRASIL CONTEMPORÂNEO

A compreensão efetiva do mundo exige a reconstrução do conceito de classe social. Sem isso, não temos condições de entender como o mundo funciona e como nos tornamos vítimas da manipulação midiática mais rasteira. Como funciona o Brasil enquanto sociedade de classes em luta por recursos escassos? Como se dá a relação entre as classes? Como se articulam os racismos de classe e de raça? Quais os conflitos e quais as alianças possíveis entre elas? Quem explora e quem é explorado ou manipulado? Se respondermos a essas questões, chegaremos muito perto de compreender não só as razões reais do golpe, em meio a tanta fraude e mentira, mas também de saber quais são os reais desafios da sociedade brasileira contemporânea.

O dado inicial fundamental da vida em sociedade é a competição de todos contra todos por "reconhecimento social", ou seja, possibilidade de ser "respeitado" pelos outros em sua inteireza. É o gozo desse "respeito social" que possibilita que tenhamos autoestima e autoconfiança. Como somos todos seres frágeis, perseguidos por medos e angústias constantes, como a morte e a doença, precisamos de uma resposta social que nos confirme na nossa importância. Sem isso, somos condenados à marginalidade, ao alcoolismo e à miséria. Muitos pensam que nossa necessidade última seja "material", ou, na linguagem de hoje em dia, de "interesses econômicos". Como sempre, basta que reflitamos para perceber que a busca incessante por poder e dinheiro só é possível de ser compreendida como meio de alcançar um "reconhecimento social" de um tipo peculiar, a sensação de superioridade e "distinção social" que a posse de dinheiro e poder proporcionam.

Assim, a competição social se dá não apenas em relação à posse de bens materiais, como geladeiras, carros e casas, mas, principalmente, em relação à posse de bens imateriais, como prestígio, reconhecimento, respeito social, autoestima etc. Veremos neste livro, em detalhe, como apenas a "luta por reconhecimento" permite compreender a sociedade brasileira atual.

Como já nascemos dentro de uma família concreta, nenhum de nós surge no limbo ou nas nuvens, mas sempre dentro do contexto de uma história e de um passado já construídos por nossa herança familiar. É por conta disso que as histórias individuais são, sem exceção, pré-moldadas pela história familiar. E é por isso, também, que só entenderemos os indivíduos se compreendermos sua história familiar. Como não existe "a família", em abstrato, cada classe social possui uma socialização familiar muito específica, para compreender os comportamentos individuais é preciso entender também a origem de classe do indivíduo.

Todas as chances dos indivíduos na competição da vida social vão depender das oportunidades que sua origem de classe, transmitidas pela socialização familiar, lhes abre e fecha. Por sua vez, as classes sociais e as socializações familiares que lhes correspondem também não existem no limbo. Ocorrem no contexto de um tipo de sociedade peculiar, com necessidades específicas. Quando falamos de "capitalismo" ou de "sociedade moderna", queremos diferenciar a sociedade a que dizem respeito de outros tipos de sociedade, com outros tipos de necessidade de reprodução. No capitalismo, a reprodução social vai depender de dois capitais fundamentais: o capital econômico e o capital cultural.

O capital econômico é o mais fácil de perceber, uma vez que o fundamento do capitalismo é o imperativo da acumulação infinita. Sem isso, temos recessão e crises que se propagam para a sociedade. Mas o capitalismo também não funciona e não se reproduz adequadamente sem "conhecimento útil", que perfaz o capital cultural. Não existe função no mercado nem no Estado que possa ser realizada sem conhecimento acumulado, ou seja, sem capital cultural.

Por conta disso, as classes do privilégio — sempre injusto, posto que transmitido desde o berço, o que jamais se escolhe — são as que monopolizam os capitais econômico e cultural. Como essa herança é sempre familiar, seja ela econômica — e, portanto, mais visível —, seja ela cultural — e, assim, menos visível —, as classes sociais vão determinar todas as chances de sucesso ou fracasso para qualquer indivíduo do mundo. É a distribuição desigual desses capitais desde o berço que irá determinar as chances relativas de todos os indivíduos na luta de todos contra todos na competição por reconhecimento social.

A nossa tese é a de que o Brasil moderno é composto por quatro classes sociais principais, que por sua vez podem ser subdivididas em classes específicas. São elas: 1) os "endinheirados", ou seja, a ínfima elite do rentismo e do agronegócio, que se constitui como classe dominante, explorando materialmente e dominando simbolicamente todas as outras; 2) a classe média e suas diversas frações, que espelham todas as formas de individualidade que a posse do capital cultural valorizado enseja — é ela, na verdade, quem "suja as mãos" com o trabalho diário da dominação social realizada em nome dos endinheirados. Afinal, são da classe média os juízes que julgam, os professores que ensinam, os jornalistas que escrevem e, em geral, quem ocupa as posições intermediárias entre a dominação da elite do dinheiro e o restante da maioria da sociedade que não possui privilégios; 3) uma classe trabalhadora, que é precária na sua imensa maioria; e, finalmente, 4) a classe dos excluídos, que chamamos provocativamente de "ralé brasileira", na verdade uma classe/raça "Geni", uma verdadeira "casta" de indesejáveis e desprezados, predominantemente negra, construída para se humilhar e cuspir, que, como veremos, se situa abaixo da linha da "dignidade".

As classes do privilégio são, portanto, aquelas que logram, na competição social, monopolizar o acesso aos capitais indispensáveis para a reprodução do capitalismo e às fontes do "reconhecimento social diferencial" nesse contexto. Depois de implantado o capitalismo, as classes obedecem, quer tenham ou não consciência disso, às leis comandadas por esse sistema impessoal. Até o indivíduo mais poderoso tem de se curvar a elas. Isso significa que mesmo as classes sociais dominantes vão construir suas estratégias de reprodução do privilégio a partir dessas regras já estruturadas.

É por isso também que, nas classes dominantes que controlam o dinheiro e o conhecimento, um terceiro capital, além dos capitais econômico e cultural, surge como complementar a esses dois: o capital social de relações pessoais. É isso que vai permitir o acesso às alianças, às amizades e, acima de tudo, aos casamentos que viabilizarão a reprodução dos capitais acumulados. Esses três capitais aparecem, na realidade social, quase sempre juntos. A preponderância do capital econômico define a classe alta, que domina e explora todas as outras, enquanto a preponderância do capital cultural define a classe média e suas frações. Mas ambas precisam ter, em medida variável, tanto os dois capitais principais quanto algum capital social, sob o risco de fracassar na competição social.

Mesmo os endinheirados precisam de algum capital cultural para ser aceitos em seu grupo. Sem isso, o acesso ao capital social de relações importantes se torna arriscado. Um rico "bronco" não faz alianças com pares importantes nem um casamento vantajoso que aumente o capital acumulado. É preciso pelo menos entender de vinhos caros, de ternos cortados a mão, conhecer as ilhas exclusivas do oceano Pacífico ou ter uma ilha particular em Angra dos Reis. O vinho caro de 50 mil reais tem que "aparecer" como fruto de um bom gosto inato e não apenas do bolso polpudo. O que precisa estar visível não é apenas dinheiro. Construir um capital cultural da "distinção" em relação às outras classes, para mostrar que não é o dinheiro que marca seu estilo de vida, mas, sim, que o dinheiro é fruto de um suposto bom gosto inato, é vital também para os ricos. O direito à propriedade, que é o fundamento do capital econômico, é transmitido por herança e casamentos que devem aumentar a fortuna, não fragmentá-la. A articulação de negócios com os pares também exige esse capital social que apenas a mistura de dinheiro com alguma forma de capital cultural pode dar.

O inverso acontece com a classe média e suas diversas frações. Ainda que seu privilégio esteja concentrado na incorporação de capital cultural, algum capital econômico é necessário para que se possa comprar, por exemplo, o tempo livre dos filhos e das filhas. Ao contrário das crianças de classes populares, que têm que estudar e trabalhar a partir da adolescência — o que implica, quase sempre, não fazer nem um nem outro bem —, os filhos e as filhas da classe média podem se dedicar apenas aos estudos. É isso que lhes permite se concentrar no capital cultural mais valorizado para o mercado de trabalho, no qual entrarão mais tarde. Esse fato basilar é "esquecido" quando se pensa sobre as classes sociais por meio de atributos externos como a renda.

Na verdade, os seres humanos se formam enquanto tais pela internalização, ou melhor, pela "incorporação", inconsciente ou pré-reflexiva, das formas de comportamento dos seres — os pais ou quem ocupe essas funções — que cuidam das crianças e que são, por isso, amados por elas. A relação mais importante do processo de socialização de qualquer ser humano é, portanto, afetivo e emocional em primeira instância. Em resumo, nós somos o que somos porque imitamos a quem amamos. As crianças "incorporam" os pais de modo silencioso e invisível — quem nunca se divertiu vendo uma criança de 2 ou 3 anos andando ao lado do pai com o mesmo balanço de corpo? E não é apenas o jeito de andar que os filhos e as filhas aprendem dos pais e das mães, mas também aprendem o amor à leitura ou, à falta disso, a capacidade de se concentrar, de ter disciplina ou pensamento prospectivo. São essas "predisposições ao comportamento prático" os aspectos decisivos para qualquer tipo de competição social.

Se o capital econômico se transmite por herança e títulos de propriedade, o capital cultural se transmite por uma herança invisível, que exige que os herdeiros possuam a mesma estrutura emocional e afetiva que possibilite a incorporação de certo "patrimônio de disposições". Tal patrimônio pode incluir fatos curiosos, como o jeito de andar e falar do pai e da mãe, mas também outros aspectos que determinam o sucesso ou o fracasso na vida social. Exemplo deste último tipo é a capacidade de se concentrar na escola, que constitui o privilégio específico da classe média. São gerações familiares que recebem o bastão umas das outras e se especializam em criar todas as condições para ter "vencedores" na escola e depois no mercado de trabalho. Existe um vínculo, quase nunca percebido, seja no senso comum, seja na "ciência social" oficial, que liga a socialização familiar à escola e esta ao mercado de trabalho. Como esses vínculos são realizados na socialização familiar, no recôndito dos lares e em tenra idade, não são percebidos como privilégios.

Por isso, a classe média e suas frações se tornam a classe por excelência da crença na "meritocracia". Como a maior parte dos estímulos é incorporada inconscientemente desde a socialização infantil, é como se já se nascesse com eles. Cria-se, portanto, a ilusão de um mérito individualmente construído, não determinado familiar e socialmente. Enquanto as crianças da classe média se divertem com brinquedos que estimulam a criatividade, escutam a mãe contando histórias cheias de fantasia que incentivam a imaginação e veem o pai lendo todos os dias, o que as levam a gostar e perceber a importância da leitura, o dia a dia das classes populares é bem distinto.

O filho e a filha do servente de obras brincam com o carrinho de mão do pai e aprendem a ser trabalhadores manuais desqualificados. Ouvem da mãe o elogio da escola da "boca para fora", já que a precária escola da mãe em nada ou pouco a ajudou na vida. É, antes de tudo, o exemplo vivenciado que constrói as classes de vencedores ou de perdedores, quando chegam à escola já com 5 anos de vida. Por conta disso, perceber a socialização familiar diferencial entre as classes é tão importante. Sem isso, não percebemos o privilégio agindo como mais gosta de agir, ou seja, silenciosamente e de modo invisível, e reproduzimos todo tipo de preconceito como se existissem pessoas que tivessem escolhido ser pobres e humilhadas.

Nas classes populares, a distinção entre trabalhador e excluído, bastante fluida, como vimos nos últimos anos de inclusão social, torna-se uma distinção de grau, não de qualidade. As famílias pobres brasileiras não são apenas pobres. A miséria delas não é apenas econômica. Elas reproduzem um cotidiano de carência cognitiva que tende — por conta do abandono secular de uma sociedade escravocrata socialmente irresponsável — a se alongar em miséria moral e afetiva. Mesmo nas famílias que ainda conseguem manter o modelo familiar com pai e mãe amorosos e cuidando dos filhos do melhor modo possível em circunstâncias adversas, o que os pais conseguem transmitir é, muitas vezes, sua própria inadaptação social. Não se pode, afinal, ensinar aquilo que não se aprendeu. Veem-se as mães preocupadas com a escola do filho, mas como as crianças sabem que a escola precária não fez diferença para a mãe — afinal, exemplos são muito mais importantes que as palavras ditas —, não percebem, também, como a escola pode fazer diferença para elas.

Ao entrevistarmos os membros adultos da ralé acerca de sua experiência escolar, nos surpreendemos com a afirmação generalizada de que "fitavam a lousa por horas a fio, sem aprender". Ora, a "capacidade de concentração", que é o que permite aprender, não é um dado natural de qualquer ser humano "normal", como ter dois olhos, uma boca e dois ouvidos. Sem estímulo à leitura e sem o pressuposto da leitura como parte do cotidiano vivido, sem o estímulo que as leituras noturnas cheias de fantasia oferecem à criança, sem estímulo ao pensamento abstrato, não existe "capacidade de concentração". Sem capacidade de se concentrar, por sua vez, não existe aprendizado real, e torna-se compreensível que a escola pública dos pobres produza em grande medida analfabetos funcionais. Pior: nas entrevistas, os pobres socializados nessa escola precária de alunos precarizados se sentem culpados por sua suposta "burrice inata". Imaginam-se tendo tido a chance de ir à escola e não a terem aproveitado. O ciclo da dominação se fecha quando a vítima do abandono se vê como a causa do próprio infortúnio.

Some-se a isso o racismo racial que recobre como um manto invisível todas essas relações. O racismo racial vai explicar o ódio a essa classe/raça “Geni”, que todos podem matar e cuspir. Vai conferir a continuidade capilar e cotidiana da escravidão e de seu sadomasoquismo que marca o dia a dia dessa classe/raça condenada à barbárie. Como existe, nesse tipo de sociedade, um gozo associado à humilhação do mais frágil, para produzir uma “distinção social” de superioridade, nas classes e nas raças que se sentem superiores, o racismo racial vai permitir a identificação fácil do inimigo de todos: a classe pobre e marginalizada, quase toda negra. A polícia vai saber a quem matar sem causar nenhuma comoção nas pessoas, e a classe média vai sair à rua para protestar toda vez que alguém ouse melhorar a situação dessa classe/raça. A desculpa vai ser a corrupção, mas a causa real é o ódio racial e o gozo que a humilhação dos mais frágeis produz.

Mas não existe classe nem “raça” condenadas. Condições favoráveis e “vontade política” fizeram com que inúmeras pessoas da “ralé”, dos antigos excluídos sem chance de redenção, pudessem ascender a empregos formais e a chances de consumo inéditas na vida. Mais ainda: algumas delas tiveram também chance de cursar escolas técnicas de qualidade e até universidades públicas e particulares por conta de políticas virtuosas de inclusão social. É o acesso ao capital cultural valorizado que efetivamente muda a vida das pessoas. Muitas delas saíram da classe dos excluídos e ingressaram na classe trabalhadora, ainda que de maneira precária, no mercado econômico competitivo.

A linha divisória entre as classes populares reflete a possibilidade de apropriação diferencial do que chamamos de “capital cultural”. Ainda que o capital cultural em jogo aqui não seja aquele altamente valorizado das classes médias, qualquer trabalho nas condições do capitalismo competitivo exige alguma incorporação de conhecimento. Mais que isso: como vimos no exemplo da classe média, não existe incorporação de conhecimento possível sem que os pressupostos de relativo sucesso escolar sejam atendidos. A linha fluida entre classe trabalhadora e classe excluída é construída a partir da maior ou menor possibilidade de incorporação dos pressupostos afetivos e emocionais que permitem evitar, em alguma medida, o total fracasso escolar. O que separa o trabalhador do excluído é que o trabalhador consegue incorporar um mínimo de conhecimento útil que pode ser usado no mercado competitivo. Entre a socialização familiar e a escolar se produz um vínculo que lhe permite vender depois o que aprendeu, e não apenas sua energia muscular e sua força física. Embora ambos sejam explorados, a exploração do trabalhador se dá em patamar superior à virtual "animalização" do excluído.

A definição de trabalho útil produzido pelo conhecimento ou pelo "esforço muscular" — não muito diferente, nesse sentido, da tração animal, por exemplo, de um cavalo — é fluida. Trabalhos formais, como o de ajudante de pedreiro ou o de cortador de cana, são, na realidade, uma mistura das duas dimensões. Ainda assim, é possível separar a socialização familiar por classe social, que habilita ou desabilita — primeiro para o aprendizado na escola e depois para o exercício de funções produtivas no mercado de trabalho competitivo. Nenhum de nós nasce com os atributos da disciplina, do autocontrole, do pensamento prospectivo e da capacidade de concentração. Esses atributos são, como vimos antes, privilégios de classe. Algumas classes os têm "desde o berço", como a classe média; outras os constroem precariamente, como a nossa classe trabalhadora; e outras, ainda, nunca os constroem em quantidade adequada, como os nossos excluídos.

A LEGITIMAÇÃO DA INJUSTIÇA SOCIAL

Vimos anteriormente como as classes são formadas, antes de tudo, por socializações familiares diferenciais, que as habilitam, também diferencialmente, a exercer as funções fundamentais para a reprodução do capitalismo como sistema. Mas ainda não falamos do principal. O capitalismo tira onda de justo. Afinal, a justificação moral mais importante do mundo moderno é a de que todos possuem chances iguais.

Como justificar, então, uma desigualdade obscena como a que temos no Brasil? Mais ainda: como compreender que a questão da desigualdade, central como é nas sociedades modernas, tenha sido substituída por outras agendas *ad hoc* construídas para torná-la secundária? Como a agenda da moralidade no Brasil foi arquitetada paulatinamente para combater a agenda do combate à desigualdade? Por que tantos foram feitos de tolo por esse discurso fraudulento? Como perceber, enfim, que, entre nós, foi a luta de classes — de modo consciente ou não — o motor mais importante para o golpe de 2016?

Para examinar esse ponto, temos que reconhecer que o capitalismo cria não só uma hierarquia de classes a partir da distribuição desigual dos capitais necessários à sua reprodução, mas também um tipo de legitimação e justificação muito singular e único historicamente. Se há necessidade de se justificar é porque existe um fundo "moral" no sistema. Como a questão central da moralidade é estabelecer a distinção entre o justo e o injusto — e, nas sociedades modernas, a justiça está ligada, como veremos mais detalhadamente, à noção de "universalidade" —, a imensa maioria das sociedades segue esse princípio. Existe toda uma complexa ordem jurídica e contratual que se destina precisamente a mostrar que todas as pessoas — tão diferencialmente aquinhoadas pela vida por seu pertencimento de classe — são tratadas como iguais.

Existe uma tentativa de convencer as pessoas de que há um tratamento universal e igualitário, apesar da origem de classe tão desigual. Em alguns países, sem dúvida, essa universalidade e essa igualdade são mais bem-sucedidas. Mas em nenhuma sociedade isso se dá de modo perfeito. Existe sempre, portanto, em todas as sociedades modernas, a produção de hierarquias morais — invisíveis, mas muito eficazes e atuantes, cujo efeito prático qualquer um pode perceber com exemplos concretos do dia a dia. São essas hierarquias morais opacas e invisíveis, mas concretas para qualquer um no cotidiano, que possibilitam o tratamento desigual dos indivíduos a partir de seu pertencimento de classe, contrapondo-se à lógica da igualdade e da universalidade formal da ordem jurídica visível. Em português mais claro: o capitalismo se diz igualitário e justo, e, por conta disso, desenvolve um complexo de igualdades formais que povoam a Constituição e todos os códigos jurídicos e todos os contratos de aplicação obrigatória. Como a percepção da desigualdade e da injustiça real criada pela diferença das heranças de classe tem que ser reprimida, passa a existir uma hierarquia "sentida" por todos no dia a dia, mas, ao mesmo tempo, nunca articulada, nunca refletida e nunca assumida como hierarquia. É essa hierarquia real que repõe a origem de classe, não a igualdade formal da lei.

Ainda que esse princípio valha para todas as sociedades capitalistas modernas, sejam elas desenvolvidas, sejam elas subdesenvolvidas, é claro que algumas sociedades chegam mais perto da justiça definida como igualdade e universalidade do que outras. As democracias europeias também reproduzem essa hierarquia reprimida que repõe a desigualdade real, que o tratamento jurídico igualitário formal tanto se esforça para esconder. Mas lá, obviamente, o abismo entre a hierarquia real e a igualdade formal é muito menor do que no Brasil.

Como são construídas em todo lugar essas hierarquias invisíveis, mas sentidas por todos, que repõem a desigualdade como princípio maior em relação à igualdade formal que todos juram perseguir? E como agem "outras hierarquias" também opacas e de difícil percepção, que permitem justificar a luta de classes de privilegiados contra os marginalizados sem parecer flagrante injustiça e maldade? Essas são as duas questões mais importantes para o entendimento da dinâmica da luta de classes, que por sua vez permite compreender o golpe de 2016. Sem essa discussão, o golpe passa a ser percebido como fruto de ação pessoal e localizado. Sua percepção fragmentária implica sua não compreensão. Implica também não efetuar sua efetiva desconstrução como algo motivado pelo conflito redistributivo da sociedade brasileira.

Vamos enfrentar essa questão central em dois momentos: mostrando como o capitalismo contemporâneo constrói as hierarquias morais invisíveis que permitem repor a desigualdade como fundamento de um tipo de sociedade que se vende como igualitária e justa; e evidenciando como, no caso brasileiro, temos ainda outras hierarquias que foram construídas para canalizar o ressentimento de classe e aprofundar ainda mais a desigualdade. Esse é o real atraso moral e de civilização do Brasil. E é ele que deve ser combatido.

A PRODUÇÃO INVISÍVEL DA DESIGUALDADE

Ainda que sejamos cegos à hierarquia moral nas sociedades modernas, precisamos entender como essa dinâmica opera. Na vida cotidiana e no senso comum, vemos apenas o efeito do dinheiro e do poder. É por conta disso que só se percebem, por exemplo, as classes pela renda, reduzindo nossa inteligência ao mínimo e aumentando nossa tolice ao máximo. Dinheiro e poder, como vimos, são, na realidade, "derivados" da busca por reconhecimento e distinção social. Nós todos também sentimos emoções morais que não conseguimos explicar e não têm, necessariamente, nada a ver com dinheiro e poder, como remorso, culpa, inveja, ressentimento e admiração, os quais, em boa medida, explicam nossa ação concreta no mundo.

Que "mundo" é esse que mistura afetos e emoções com hierarquias morais e não pode ser explicado pela ação nem do dinheiro nem do poder? Embora sejamos cegos a esse mundo tão importante, ele é passível de ser reconstruído a partir das ações e reações que as pessoas tomam no mundo prático. Uma pesquisa empírica bem construída e bem conduzida pode reconstruir a ação prática das hierarquias morais sobre nosso comportamento concreto, embora não tenhamos, quase sempre, consciência dessas hierarquias. Na verdade, se quisermos compreender o mundo, devemos esquecer o que temos na "cabeça" e nos concentrar na forma como agimos realmente e nos comportamos na prática. Em geral, o que achamos que somos é, em grande medida, fruto da necessidade de justificar e legitimar a vida que levamos. Isso não reflete, frequentemente, a "verdade" de nosso comportamento. Como vários pensadores críticos já demonstraram, a necessidade primeira dos seres humanos não é o compromisso com a verdade. Longe disso. Nossa primeira necessidade afetiva a se impor é a de justificar e legitimar a vida que se leva. Afinal, é a única vida que temos. Em boa medida, essa separação espelha a distância que separa a ciência da postura ingênua do senso comum.

O que importa aqui é ressaltar que é possível demonstrar, para além de qualquer dúvida razoável, a "ação" dessas hierarquias morais ou linhas de classificação social, ainda que sejam invisíveis na vida cotidiana, na qual percebemos somente a ação do dinheiro e do poder. Afinal, essas hierarquias morais e esses "sentimentos morais" podem ser observados em seus efeitos nas ações práticas das pessoas, ainda que na "cabeça", de maneira consciente, não tenhamos a menor ideia da existência delas. O fato de que não temos presente de modo consciente as causas dos sentimentos morais e das hierarquias morais que são sua fonte apenas as torna mais fortes, posto que assim não podemos ganhar distanciamento reflexivo em relação a elas.

O grande sociólogo francês Pierre Bourdieu foi um pioneiro na demonstração cabal da influência dessas linhas invisíveis de classificação social criadas pelas hierarquias morais da sociedade moderna. Em sua obra mais importante, *A distinção*, Bourdieu consegue demonstrar que a decantada igualdade da França republicana, baseada na escola pública de qualidade para todos, era fictícia. Não no sentido de que o esforço republicano e igualitarista francês tenha sido um fracasso. Longe disso. Se compararmos a França com países como o Brasil, veremos que o esforço levou a um grande sucesso. O que Bourdieu demonstra é que, apesar de ter criado um patamar de "dignidade" comum a todos os franceses, que inexiste em sociedades como a brasileira, a sociedade francesa — a exemplo de todas as outras sociedades modernas — construiu formas alternativas e sutis, dificilmente perceptíveis para quem está imerso na perspectiva do senso comum cotidiano, de justificação e legitimação da desigualdade e do privilégio.

No trabalho clássico de Bourdieu, ele analisa o "gosto estético" como mecanismo invisível de produção de distinção social no sentido de legitimação à percepção de superioridade de alguns e inferioridade de outros. Precisamente, o gosto estético que o senso comum imagina que não se discute e diz ser único para cada pessoa. Santa ingenuidade, diria Bourdieu. O "bom gosto", veremos, não é produção individual, mas, sim, construído socialmente. Também funciona de forma a legitimar de maneira invisível todo tipo de privilégio fático.

Os exemplos práticos são de fácil reconhecimento. Para quem dirige carros caros, usa roupas de marca e bebe vinhos especiais, esse tipo de consumo não significa apenas que se tem mais dinheiro que os outros que não possuem acesso a esse tipo de bens. Significa, antes de tudo, que se tem "bom gosto", o que implica uma superioridade não apenas estética, mas também moral. Como já vimos antes, tudo que associamos ao espírito tem uma ligação com o "divino", e nada representa mais o espírito que o bom gosto estético. Quem não possui tal distinção é visto como mero "corpo" que adere às necessidades como os animais, sendo, portanto, inferior nos sentidos estético e moral.

Todos aqueles que se veem como representantes do espírito desenvolvem uma solidariedade com seus iguais e um preconceito contra aqueles que não compartilham sua visão de mundo. Pensemos nas entrevistas de emprego e nas escolhas dos amigos e parceiros sexuais. Essas escolhas, como todas as outras, são baseadas em solidariedades e preconceitos convenientemente tornados "inconscientes", de tão óbvios, para quem os pratica. Afinal, o gosto não se restringe a consumos isolados, mas desenvolve-se em "estilos de vida" que abrangem toda a vida social. Não é apenas o vinho caro e especial, mas também o tipo de comida que se come, da roupa que se veste, das férias escolhidas, dos amigos que se cultivam etc. São estilos de vida compartilhados que dão a sensação de uma superioridade que não é comprada, mas, sim, vivida, graças a um gosto e um estilo de vida especiais, seleto privilégio de uma minoria. A maioria sem acesso sofre o preconceito consciente ou inconsciente — de não apenas ser pobre no sentido econômico, mas também de não ter "espírito", sendo exemplo, portanto, de uma forma degradada de existência humana.

São essas linhas invisíveis de classificação e desclassificação social, baseadas em hierarquias morais não perceptíveis no senso comum — que imagina só existirem o poder e o dinheiro como fontes de todas as hierarquias sociais — que se tornam a base da solidariedade e do preconceito nas sociedades modernas. Veremos como esse ponto será decisivo para uma compreensão adequada do preconceito da classe média tradicional em relação à ascensão dos setores populares na história recente do Brasil. Por enquanto, o importante é perceber que a distinção pelo bom gosto é um elemento decisivo tanto para a compreensão da solidariedade entre os de cima como para a compreensão do preconceito destes em relação aos de baixo, dos setores populares. Embora seja ubíqua na sociedade, a distinção pelo gosto se presta, antes de mais nada, a legitimar a diferença e os privilégios das classes média e alta em relação ao "povo".

Mas existe outra linha invisível de classificação e desclassificação das pessoas, que é decisiva para nossos fins neste livro, e que não foi levada em conta por Bourdieu. Chamei essa linha invisível de "linha da dignidade". Teríamos, assim, duas formas de hierarquizar pessoas e classes sociais inteiras nas sociedades modernas, como a brasileira, a partir de uma hierarquia moral que não se confunde com os estímulos empíricos de dinheiro e poder. Essas hierarquias não são abstrações sem valor, produto de pessoas com a cabeça nas nuvens, como dizemos no dia a dia. Ao contrário, são produtos históricos que lograram se institucionalizar no decorrer da história da civilização ocidental e assim condicionar nossa vida prática.

Fui influenciado nesse particular, além de Axel Honneth, pelo filósofo neo-hegeliano canadense Charles Taylor.[1] Taylor é um tipo pragmático de filósofo, que não fica pesquisando infinitamente filigranas idiossincráticas da história da filosofia pertinentes apenas para o próprio filósofo. Ao contrário, ele se interessa pelas ideias e pelos valores que lograram adquirir força prática para os homens e as mulheres comuns. Esse tipo de abordagem me interessa muito e foi inspiradora para uma

1 *Ver* Charles Taylor, *Sources of the Self*, Cambridge, Harvard University Press, 1989.

sequência de trabalhos que envolve, também, a escrita deste livro. Vale a pena fazermos um esforço reflexivo para compreender sua influência na nossa vida. Teremos condições para perceber a nós mesmos e a sociedade que nos cerca muito melhor a partir disso.

As ideias-valores que mandam na nossa vida prática, quer tenhamos consciência disso, quer não, são, para Taylor, apenas duas: as noções de autenticidade (ou expressivismo) e dignidade. Ambas refletem, ao mesmo tempo, um processo de aprendizado, que é sua dimensão moral, e um processo de distinção e legitimação da dominação social, que representa sua imbricação com as dimensões pragmáticas do dinheiro e do poder. No fundo, toda ação humana está imbricada nessa dupla dimensão ao mesmo tempo utilitária e moral. O que muda em cada indivíduo é a maior força relativa de um aspecto ou outro. Mas somos todos seres esgarçados pela contradição entre poder e moralidade, entre egoísmo e solidariedade, e assim por diante.

A dimensão da autenticidade é mais recente historicamente, e só no século XX, sobretudo no contexto da contracultura dos anos 1960, alcança dimensão verdadeiramente popular. Antes, era restrita a elites intelectuais alternativas. A autenticidade significa a entronização na vida social do princípio moral do "ser humano sensível" como valor-guia da condução da vida prática. O importante para esse ideário não é ter dinheiro ou poder, mas, sim, viver a vida de acordo com os sentimentos e afetos que singularizam cada um, de acordo com uma biografia sempre muito individual.

A noção de "sensibilidade" passa a significar a atenção especial aos "sentimentos refletidos", que não se confundem com as paixões cegas e animais. É, por assim dizer, uma sublimação e espiritualização da nossa dimensão afetiva e pulsional. Daí a relevância que passa a assumir a partir do século XVIII em todo o Ocidente culto, chegando, nesse século, a assumir proporções populares. É precisamente essa noção de "sensibilidade" que Bourdieu chama de "bom gosto" como mecanismo invisível de produção de solidariedades e preconceitos de classe. Ele não percebe a dimensão moral de aprendizado possível que habita a

O GOLPE EM IMAGENS

©ROBERTO STUCKERT FILHO/PALÁCIO DO PLANALTO

AO LADO: Foto oficial da presidenta da República Dilma Vana Rousseff (2011--2016). Brasília/DF, Palácio da Alvorada, 9/1/2011.

©ROBERTO STUCKERT FILHO

Dilma foi vitoriosa e tomou posse como a primeira mulher presidenta da República do Brasil. Brasília/DF, Palácio do Planalto, 1º/1/2011.

ABAIXO: Continuadora das políticas de inclusão social do governo de Luiz Inácio Lula da Silva (2003-2010), Dilma Rousseff (PT) foi confirmada como candidata à Presidência ao lado do então presidente, de Marisa Letícia e do vice, José Alencar (PRB), na Convenção Nacional do Partido dos Trabalhadores. Brasília/DF, Centro de Eventos Unique Palace, 13/6/2010.

©ROBERTO STUCKERT FILHO

©PEDRO LADEIRA/
AFP VIA GETTY IMAGES

Brasília/DF, Cúpula dos Chefes de Estado do Mercosul e Estados Associados, Palácio do Itamaraty, 7/12/2012.

A caminhada política em defesa da democracia e a experiência como servidora pública de alto escalão combinaram-se em Dilma. Em seu governo, a estadista fortaleceu a integração entre o Brasil e os demais países sul-americanos, e consolidou o primeiro ciclo progressista do continente, período marcado pela melhora significativa nos índices sociais. Ao lado dela estão (da esquerda para a direita) os presidentes Evo Morales, José Mujica, Cristina Kirchner e Rafael Correa. Brasília/DF, Palácio do Planalto, 27/12/2012.

©EVARISTO SA/
AFP VIA GETTY IMAGES

©PAULA CINQUETTI/
AGÊNCIA SENADO

©LIA DE PAULA/AGÊNCIA SENADO

As Jornadas de Junho de 2013 tomaram as grandes cidades brasileiras com um mar de manifestantes. Os protestos, inicialmente organizados em torno de pautas municipais, ganharam motivos nacionais difusos, entre eles, o fim do voto secreto para os congressistas, uma CPI da Copa e outros temas ligados ao "combate à corrupção". Brasília/DF, Congresso Nacional e Esplanada dos Ministérios, 20 e 26/6/2013.

©CHRISTOPHE SIMON/AFP VIA GETTY IMAGES

Um exemplo de federalização das pautas das Jornadas de Junho foi a campanha contra a PEC 37, conhecida como "PEC da Impunidade", que versava sobre os limites do Ministério Público no acúmulo de funções policiais e jurídicas. Rio de Janeiro/RJ, Praia de Copacabana, 23/6/2013.

©ANTONIO AUGUSTO/
CÂMARA DOS DEPUTADOS

A farsa do impeachment por crime de responsabilidade fiscal expôs as principais lideranças do país, desde o presidente da Câmara dos Deputados, Eduardo Cunha (PMDB) (acima, ao centro), passando pelo presidente do Senado Federal, Renan Calheiros (PMDB), até o presidente do Supremo Tribunal Federal, Ricardo Lewandowski, que conduziu a sessão final de votação do impeachment no Senado (abaixo). Brasília/DF, Congresso Nacional, 17/4/2016 e 31/8/2016.

©PEDRO FRANÇA/AGÊNCIA SENADO

©JOSÉ CRUZ/AGÊNCIA BRASIL

Após aprovação do impeachment no Senado, Dilma discursou, afirmando que havia vivido o segundo golpe de Estado em sua vida – em menção ao golpe militar de 1964 (acima). Em seguida, o presidente em exercício Michel Temer (PMDB) foi efetivado como 37º presidente da República do Brasil (2016-2018) (abaixo). Brasília/DF, Palácio da Alvorada e Congresso Nacional, 31/8/2016.

©ALEX FERREIRA/
CÂMARA DOS DEPUTADOS

©VALTER CAMPANATO/
AGÊNCIA BRASIL

A sanha golpista se consumou na promoção do candidato de extrema direita Jair Bolsonaro (PSL), vencedor das eleições de 2018, como herdeiro da onda reacionária catapultada pelas Jornadas de Junho e pelo golpe de 2016. A passagem da faixa presidencial de Michel Temer para Jair Bolsonaro não poderia ser mais simbólica desses efeitos políticos desastrosos. Nas fotos estão Michel e Marcela Temer, Jair e Michelle Bolsonaro, Hamilton e Paula Mourão. Brasília/DF, Palácio do Planalto, 1º/1/2019.

©ANTÔNIO CRUZ/AGÊNCIA BRASIL

sensibilidade e a vê unicamente como produtora de distinção social para oprimir as classes populares. Taylor, por sua vez, não percebe adequadamente o potencial hierarquizador e produtor de preconceito desse princípio.

É que ali estão as duas coisas, tanto "possibilidade de aprendizado" quanto a produção de "distinções sociais" para legitimação de privilégios. Esse princípio passa a ser importante quando é institucionalizado em universidades, museus, na esfera da arte, assim como, na sua versão pastiche, na indústria cultural moderna. Toda a indústria da cultura vive dos filmes de grande bilheteria, dos livros de autoajuda e de romances best-seller, além das novelas maniqueístas. Esses produtos não existem para educar e estimular o pensamento crítico, mas, ao contrário, apenas reproduzem em versões conformistas e estereotipadas uma "sensibilidade para ser vendida" de modo fácil. Desconsidera-se, assim, que a sensibilidade só é autêntica se for descoberta e construída individualmente. No entanto, o próprio sucesso dessa indústria do pastiche e do engodo só é possível porque a noção de "sensibilidade" já tomou conta do imaginário popular, mesmo daqueles que ainda não conseguem construir uma sensibilidade autêntica e são obrigados a comprá-la. É assim que percebemos a eficácia social de uma ideia — quando nos domina a todos, quer queiramos, quer não, quer a percebamos, quer não.

A construção histórica tardia da noção de sensibilidade — ou do ser humano sensível — se dá por oposição a outra grande fonte de hierarquia moral do Ocidente, que é a noção de dignidade do produtor útil. "Dignidade" aqui não se embaralha com a noção confusa e imprecisa que, no senso comum, damos a essa palavra. Essa noção é bem mais antiga e começa a se delinear com a própria ética cristã do "controle dos afetos e das paixões" pelo espírito, estando ligada à noção-valor de respeito social como advindo do "trabalho produtivo em favor do bem comum". Como o trabalho produtivo continuado exige disciplina e autocontrole, a ideia de "dignidade" passa paulatinamente a ser percebida como a capacidade de disciplinar e controlar os afetos e as paixões que tornam a disciplina impossível.

A revolução protestante é apenas mais um aprofundamento dessa linha de progressão no sentido de sempre mais controle e disciplina do trabalho e do trabalhador. Se a ética cristã, em sentido amplo, constrói a ideia do espírito como superior em relação ao corpo e, portanto, controlador dos afetos e das paixões, o protestantismo vai "sacralizar" o trabalho. Com isso, trabalhar bem vai ser o caminho para Deus e a salvação no outro mundo. Ainda que no mundo secular de hoje em dia a referência a Deus não seja mais obrigatória, o trabalho continua sendo a referência principal de cada indivíduo moderno. É antes de tudo o trabalho bem-feito que produz reconhecimento social e a admiração dos outros. O maior ou menor respeito e admiração que destinamos a cada um na sociedade passa a depender, antes de tudo, do desempenho no trabalho. Querendo ou não, admiramos as pessoas, mesmo as que invejamos, pelo bom desempenho no trabalho. Eis outra prova concreta, que qualquer um pode testar no dia a dia, da força das ideias morais que nos constrangem, inclusive a sentir o que não desejamos.

Isso significa que a fonte tanto da autoestima do indivíduo ocidental quanto do respeito social devido estão ligados indelevelmente ao trabalho útil. Do mesmo modo que admiramos quem trabalha bem, desprezamos ou temos pena de quem não exerce trabalho efetivamente útil, como o "trabalho" dos guardadores de carros nas grandes cidades brasileiras. Trabalho e sensibilidade são as duas formas de hierarquia moral que conhecemos e praticamos, conscientes ou não dessa hierarquia. Para qualquer pessoa no Ocidente moderno, as duas dimensões mais importantes da vida, que a definem como sucesso ou fracasso, são precisamente as do trabalho e da vida afetiva.

Apesar de estarmos construindo ideias com ajuda da história e da filosofia, qualquer pessoa pode perceber a importância delas na vida cotidiana. Para qualquer mulher e homem modernos, o desafio do sucesso e do fracasso está dominado por essas duas fontes morais. Para qualquer um, o que importa para uma "vida significativa" é o sucesso no trabalho e no amor. Afinal, a própria noção de "amor romântico" é produto do expressivismo e da noção de "sensibilidade". Não existia a noção de "amor romântico", como a conhecemos hoje, antes do século XVIII.

É uma verificação empírica da validade e da penetração das ideias que estamos aqui formulando, que qualquer um pode realizar a prova empírica consigo mesmo acerca do que realmente importa para si próprio. Como essas ideias que nos habitam são sociais e compartilhadas, percebemos facilmente que não temos duzentas opções para dotar a vida de sentido, como nos diz o liberalismo vulgar, mas apenas essas duas vertentes que estamos descrevendo: trabalho e amor. Delas advém tudo que podemos perceber e sentir como digno de valor. Embora sejamos cegos a essa "eficácia prática" das hierarquias morais na nossa vida, posto que só vemos a ação mais óbvia do dinheiro e do poder, essa eficácia pode ser mostrada nos seus efeitos e consequências em cada um de nós, desde que reflitamos um pouco.

Tanto Bourdieu, um francês, quanto Taylor, um canadense, no entanto, supunham que a "dignidade do produtor útil" fosse algo generalizado na sociedade moderna. Afinal, tanto na França quanto no Canadá a imensa maioria da população é "digna", ou seja, tem acesso aos pressupostos sociais da dignidade no sentido aqui formulado. Embora Bourdieu tenha analisado os marginalizados da Argélia, ele, como todo pensador europeu ou americano, tende a perceber o fenômeno da marginalidade e exclusão como traço passageiro, no caso da transição do trabalhador despossuído do campo para a cidade, como havia sido efetivamente passageiro na Europa e nos Estados Unidos.

Minha condição de brasileiro ajudou-me a perceber, ao contrário, que a existência de classes sociais inteiras abaixo da linha da "dignidade" é um fenômeno permanente. No Brasil e na maior parte do mundo existe uma classe social que é, inclusive, muito provavelmente, a mais numerosa no globo, a qual se singulariza pela ausência dos pressupostos para o exercício de atividade produtiva útil no contexto do "capitalismo do conhecimento" de hoje. Se essa classe, a "ralé", no caso brasileiro, na verdade, uma classe/raça de condenados à miséria e à barbárie, chega, hoje em dia com Bolsonaro, a cerca de 50% no Brasil, ela chega a 80% na maior parte da África e a 50% na maior parte da Ásia. Tal classe desconhecida — essa foi a minha intuição desde sempre — é o que nos singulariza verdadeiramente de modo negativo em relação às sociedades europeias e americanas que admiramos.

Foi por isso que me dediquei, antes de tudo, a construir teórica e empiricamente a especificidade dessa classe tão importante e decisiva para a compreensão de nossa sociedade. Trata-se de um tipo de reflexão fundamental relegada a segundo plano não apenas por europeus e americanos, como vimos, mas também por brasileiros. Em nosso país fala-se de "subproletariado", um mero conceito residual de proletariado que nada explica. O que seria, afinal, o subproletariado? Um pouco abaixo do proletariado? Quão abaixo? E por quê? Qual a sua especificidade? O principal não é respondido. Em certo sentido, o que cabe de explicação é varrido para debaixo do tapete. Pior é a denominação de "precariado", palavra com a qual se busca, por derivação do caso europeu, uma aproximação destinada ao fracasso. Precário para os europeus é aquele que se desprendeu das garantias e da segurança do pacto social-democrata, hoje na defensiva. Isso não tem nada a ver com o caso brasileiro, que jamais teve um pacto social-democrata.

Esse é o quadro na esquerda intelectual. Na visão "liberal economicista", a miopia é muito maior. Essa classe se torna mero número, e número arbitrário — as famosas classes E e D —, que pretende circunscrever uma realidade que não se compreende imaginando-se que a diferença entre indivíduos e classes possa ser capturada por um critério tão superficial — que é muito mais efeito do que causa da pobreza — como a renda. Não se esclarece nessa pseudoexplicação hoje dominante o principal: como e por que incontáveis indivíduos se encontram nessa situação tão miserável e outros não. É isso, afinal, o que é necessário compreender.

Foi a partir da certeza de que essa questão fundamental não só para a sociedade brasileira, mas também para o mundo moderno, não era adequadamente percebida que procurei reconstruir o que significa a linha de classificação e desclassificação afirmada pela ideia de "dignidade". Partindo do modo como Bourdieu havia compreendido, como nenhum outro, a força prática de linhas invisíveis de distinção social e legitimação do privilégio, a partir da ideia de "sensibilidade" pelo gosto estético na França, procurei fazer esforço semelhante em relação ao Brasil com a ideia de "dignidade". Do mesmo modo que o caso francês pode ser generalizado para todas as sociedades modernas envoltas no desafio de encobrir privilégios injustos por meios sutis e imperceptíveis, também o caso brasileiro, a meu ver, pode ser generalizado, em boa medida, para todas as sociedades com grandes contingentes de marginalizados e excluídos.

Como as sociedades modernas se dizem justas e meritocráticas, essas são as duas "linhas invisíveis" — mas cujos efeitos são, ao contrário, muito visíveis, práticos e concretos para todos nós — que legitimam a separação entre quem é nobre e superior e quem é inferior e vulgar na sociedade. Ainda que as duas linhas da "sensibilidade" e da "dignidade" se misturem e suas fronteiras sejam fluidas, a linha divisória da "sensibilidade" separa, antes de tudo, as classes do privilégio — classes alta e média — das classes populares. Seria o bom gosto do privilegiado, supostamente inato e de berço, que justificaria sua superioridade não na lei, formalmente igualitária, mas nas solidariedades e nos preconceitos irrefletidos e inconscientes do dia a dia de cada um de nós.

Como a reprodução dos privilégios da classe média é invisível, posto que realizada no interior dos lares de modo imperceptível, a classe média se torna a classe por excelência do mito da meritocracia. Imagina-se que são as supostas competência e inteligência "superiores" dos membros dessa classe que constroem seu privilégio, o qual, nesse caso, seria merecido e justo. Como toda classe privilegiada, também a classe média quer legitimar e dar a aparência de justiça ao que é acaso e reprodução de um privilégio injusto. Acaso porque não se escolhe a família — ou melhor, a classe social em que se nasce. E condenar quem nasce em determinada família ou classe social sem culpa por seu destino miserável é flagrantemente injusto.

No caso do Brasil, nossa maior singularidade é a construção histórica de uma classe/raça de "desclassificados", esquecidos, abandonados e desprezados por toda a sociedade, cujo principal atributo é, precisamente, a ausência parcial ou total dos pressupostos e capacidades que definem a "dignidade". Ela é, obviamente, uma indignidade produzida por uma sociedade perversa, tola e desigual. Perversa porque culpa a vítima do abandono, como se alguém pudesse escolher ser pobre e humilhado; tola e desigual porque não percebe a importância de uma estratégia inclusiva de longo prazo para a riqueza e o bem-estar de toda a sociedade.

A linha da "dignidade" — que separa indivíduos e classes sociais inteiras em dignos e indignos de respeito e consideração por sua capacidade de desempenho na esfera do trabalho — nos ajuda a perceber tanto a linha divisória entre classe trabalhadora e excluídos sociais quanto o preconceito redobrado e amplificado dos andares de cima da sociedade em relação a estes últimos.

Não nos esqueçamos nunca, nesta discussão sobre as classes sociais, que as classes têm cor e raça no Brasil. Se a classe média é branca, a "ralé" é preta, o que torna sua identificação ainda mais fácil no que diz respeito aos efeitos de "distinção social" para os setores acima dela. A raça passa a ser um simplificador universal dos códigos sociais utilizados para produzir distinções. Além da herança de classe que fragiliza, a raça passa a sinalizar aquele em relação ao qual a humilhação pode passar impune. Muito especialmente pela criminalização artificial do negro, como fica claro na criminalização da maconha, meramente por ser uma herança dos escravizados. Como as transformações recentes da sociedade brasileira têm a ver, precisamente, com a reação dos setores médios à ascensão dos excluídos e negros, tal discussão mostra toda a sua decisiva importância.

A CONSTRUÇÃO DA HIERARQUIA DO FALSO MORALISMO BRASILEIRO

Vimos, anteriormente, que o capitalismo, em todo lugar, ainda que com diferenças importantes, cria hierarquias irrefletidas e inarticuladas para substituir, na prática social, a igualdade formal explícita por uma desigualdade real implícita e escondida. Desse modo, podem ser reproduzidos privilégios ao mesmo tempo que se aparenta ser justo e igualitário. Se as hierarquias inarticuladas do bom gosto e do trabalho útil são universais, cada sociedade, a partir de seu passado histórico, pode construir outras hierarquias invisíveis com o mesmo fim de reproduzir privilégios dando a impressão de justiça. É o que acho que aconteceu entre nós na configuração social que possibilitou o golpe de 2016.

Vimos que existe uma "linha invisível" — mas que percebemos claramente nos seus efeitos sobre nós mesmos e os outros — que separa os homens e mulheres sensíveis e de "bom gosto" dos homens e mulheres animalizados e vulgares de "mau gosto", das classes populares. Vimos também que existe outra linha invisível que separa os "dignos" dos "indignos". Se no primeiro caso a distinção social pelo suposto bom gosto cria uma legitimação simbólica, para além da igualdade legal formal, cuja eficácia em justificar privilégios injustos está além de qualquer defesa, no caso da dignidade o buraco é mais embaixo. Essa segunda linha invisível, posto que nunca refletimos sobre ela, separa o "humano" do "sub-humano".

Afinal, a substância do que é humano não é um dado natural, como imaginamos. O "patamar da humanidade" é sempre uma construção social variável e diferencial. No Ocidente, como vimos, esse patamar mínimo é construído a partir da capacidade de contribuição de cada um ao conjunto dos trabalhos socialmente úteis. Mas, no capitalismo moderno, ser capaz de desenvolver trabalho útil exige pressupostos cada vez mais desafiadores para os membros das classes populares. O trabalho útil exige a "in-corporação" de conhecimento — literalmente, "tornar corpo", ou seja, tornar reflexo automático, como são as reações corporais, as capacidades ou disposições que o aprendizado de qualquer conhecimento útil pressupõe. Afinal, como vimos, receber desde o berço de mão beijada os estímulos necessários para o esforço de aprender é o principal privilégio das classes médias verdadeiras, o que permite reproduzir esse mesmo privilégio indefinidamente.

A linha da dignidade, vale acentuar mais uma vez, já que essa noção é contraintuitiva, não trata de valores substantivos, como a percebemos no senso comum, mas, sim, da existência ou não de certo patrimônio de disposições ou capacidades que habilitam o aprendizado de função ou ofício útil. Esse aprendizado diferencial vai habilitar ou incapacitar mais tarde o exercício de qualquer função útil no mercado ou no Estado. É esse mesmo aprendizado ou a sua falta, portanto, que vai "pré-decidir" a competição social por todos os recursos escassos, sejam eles materiais ou não. Isso significa que, afora os endinheirados no topo, a luta por apropriação de capital cultural nos seus diversos patamares de complexidade e reconhecimento é o fator decisivo para a hierarquia social.

Isso é fundamental para nossa argumentação. É fundamental para compreendermos a atitude variável da elite do dinheiro e da classe média conservadora no golpe. A questão principal é que os endinheirados do Brasil podem se ver fora da luta social, posto que acima dela. Essa também é a atitude típica de uma classe dominante que não se identifica com a sociedade, ao contrário de outras elites dominantes no mundo. Como nunca criticamos nosso passado escravocrata, que foi meramente "esquecido", ele está condenado a voltar sob outras vestes. A postura de nossa classe do dinheiro é extremamente míope, com uma lógica de curto prazo e extrativa, como a da antiga classe escravocrata. Herdamos da escravidão não apenas "subpessoas", majoritariamente negras, animalizadas pelo abandono e tratadas como sub-humanas nas interações concretas do dia a dia. Herdamos da escravidão também o cinismo e a indiferença. A postura dos nossos endinheirados, que reflete essa indiferença, é mais ou menos a seguinte: "Desde que o dinheiro entre no meu bolso, pouco me importa o arranjo social que torna isso possível." É isso que explica, como vimos antes, a escolha preferencial pela rapina de curto prazo, sendo o contexto democrático ou ditatorial mera conveniência.

A classe média não pode se dar a esse luxo. Ela se sente em competição com as outras classes sociais pelo acesso privilegiado ao capital cultural valorizado. Ao mesmo tempo, é uma classe média singular no mundo. Os trabalhadores precários e os excluídos trabalham para a classe média ganhando muito pouco, de modo a poupar tempo e energia dos trabalhos domésticos e dos trabalhos sujos e pesados, para que possa se dedicar a atividades produtivas rentáveis. Existe uma óbvia exploração praticada pela classe média: primeiramente, do trabalho muscular de faxineiras e empregadas domésticas (até hoje a ocupação responsável pelo maior índice de emprego das mulheres no Brasil); depois, também do trabalho mal pago de inúmeros trabalhadores precários. Como se fazia com os chamados "escravos de ganho", das ruas de cidades do século XIX, e os escravizados domésticos, a classe média brasileira explora há séculos o trabalho mal pago de pessoas que considera sub-humanas.

As provas concretas desse racismo de classe e de raça são inúmeras. Atropelar um pobre sub-humano jamais foi crime no Brasil. Principalmente se for um negro. Ninguém da classe média é preso por isso. As matanças indiscriminadas de pobres e jovens negros por policiais sempre foram uma espécie de política pública informal em nosso país, com grande apoio da classe média. Deseja-se uma polícia eficiente que "limpe" as ruas. Ajudar os pobres e os negros, para essa classe, sempre foi "populismo barato". Nossa tradição escravocrata jamais criticada moldou nossas classes do privilégio, condicionando o cinismo e a indiferença altiva da classe do dinheiro. Condicionou também o desprezo — que se torna ódio, dependendo da conjuntura — de nossa classe média conservadora pelos marginalizados e abandonados à própria sorte.

As políticas dos governos do Partido dos Trabalhadores (PT) de assistência social, transferência de renda, de cotas sociais e raciais e de estímulo ao estudo universitário significaram talvez o maior esforço de inclusão social da classe marginalizada no nosso país. Não foi criada nem de longe uma "nova classe média", como divulgado na propaganda do governo. Mas ajudou-se a mostrar que nenhuma classe, nem mesmo a dos "indignos", está condenada para todo o sempre. Ainda que a linha de continuidade da "indignidade" se construa desde a socialização familiar precária, que por sua vez condiciona a precariedade da socialização escolar — enquanto esta, por seu turno, condiciona a exclusão econômica futura no mercado de trabalho competitivo —, existe sempre remédio e melhora possível.

Ainda que esse ciclo tenha sido marcado pelo elemento virtuoso com virtual pleno emprego, aumento de consumo de massa, crescimento econômico, investimentos em infraestrutura, recuperação de cadeias produtivas, como a de petróleo e gás, além de uma onda de otimismo que o país não conhecia havia décadas, nem todos gostavam do que viam. Economicamente, houve poucos perdedores, já que os lucros do capital financeiro continuaram de vento em popa.

Apesar de esse ciclo econômico virtuoso ter dinamizado a economia, muitos, especialmente na classe média tradicional, não gostaram de ter de compartilhar espaços sociais antes restritos com os "novos bárbaros" das classes populares ascendentes. Multiplicavam-se reclamações contra os aeroportos, que haviam se tornado ruidosos e cheios, como antes só acontecia com as rodoviárias; os adolescentes das classes ascendentes eram percebidos como invasores em shopping centers antes exclusivos da classe média real, nos episódios conhecidos como "rolezinhos"; a entrada de milhões de novos motoristas no trânsito das grandes cidades provocava preconceito de classe. Existia um desconforto difuso na classe média tradicional que não pode ser apenas compreendido com motivos racionais. Em grande medida, a maior proximidade, tanto física quanto de hábitos de consumo, entre classes sociais que mantinham antes enorme distância precipitou e explicitou publicamente um racismo de classe antes silencioso e exercido somente no mundo privado.

Os resultados das últimas eleições majoritárias para presidente da República antes do golpe de 2016 (2002, 2006, 2010 e 2014) já mostravam a divisão de classe que crescera e se consolidara ao longo dos anos e hoje explode em agressividade aberta. O racismo de classe se revelou de diversas maneiras durante todo o período do lulismo. A classe média e sua fração conservadora dominante nunca engoliram também o presidente com modos populares e metáforas de futebol. O europeizado FHC é a imagem do país que tanto a elite quanto a classe média tradicional querem ver espelhada no exterior. Mas até Junho de

2013 todas essas reclamações eram feitas privadamente, na família e em círculos de amigos, já que não "pega bem", nem é socialmente legítimo, explicitar irritações típicas de um racismo de classe que remonta às nossas origens escravocratas.

Foi nesse contexto que se deu a construção da "linha do falso moralismo", como mais uma forma alternativa de produzir solidariedade interna entre os privilegiados e permitir formas aparentemente legítimas de exercer preconceito e racismo de classe contra os de baixo. A linha do falso moralismo é a linha divisória imaginária que separa aqueles que se percebem como superiores, posto que se escandalizam com a suposta corrupção política partidária e estatal, daqueles que não se sensibilizam com esse tema. O sentimento de superioridade é construído pela suposta posse de uma sensibilidade moral que apenas setores educados da classe média possuiriam. Seria, portanto, a falta de educação e de inteligência dos setores populares que os teria levado, por exemplo, a continuar votando no PT, mesmo depois do Mensalão. A linha da falsa moralidade permite, assim, que o voto e a visão de mundo de alguns, no caso de frações da classe média, sejam considerados melhores e mais racionais do que os de outros — no caso das classes populares —, que são desqualificados como irracionais e fruto de compra populista.

Na realidade, a relação pode ser facilmente invertida. As classes populares que percebem a política como briga de ricos entre si e esperam para ver o que, ao fim e ao cabo, sobra para elas após tanto esquecimento e abandono não são tão irracionais assim. Já os setores da classe média, que se julgam bem informados por consumir sua dose diária de veneno midiático, e se deixam manipular pelos endinheirados e seus interesses, não são tão inteligentes e racionais como acreditam ser. O problema é que a linha do falso moralismo é uma construção antiga entre nós. Começa com o prestígio científico de figuras como Sérgio Buarque de Holanda e penetra todas as escolas e universidades com aura de conhecimento crítico. Esteve presente em todos os outros golpes de Estado, sempre contra tentativas políticas de mitigar a abissal desigualdade brasileira e nunca como verdadeira luta contra qualquer forma de corrupção. Com a ascensão do PT ao poder com base no voto das classes populares, inúmeros articulistas de jornais e televisão e intelectuais conservadores de plantão passaram a martelar que os votos do partido eram de pessoas sem estudo e sem compreensão do mundo; um voto "menos legítimo", por assim dizer. E, desde o Mensalão, o divisor de águas entre quem era culto e informado e quem era inculto e mal informado passa a ser percebido pela maior ou menor sensibilidade ao tema da "corrupção" no Estado. Não existia maior atestado de cultura superior e legitimidade moral do que se escandalizar com os casos de corrupção no Estado, desde que fossem os casos selecionados pela imprensa elitista.

Como nos casos já examinados, a construção dessa percepção como sinal de inteligência e vigor moral permite revitalizar a desigualdade de fato e tentar torná-la legítima. Como em todas as linhas morais de separação por solidariedade e preconceitos implícitos e nunca assumidos enquanto tais, é necessário animalizar o outro e torná-lo cognitiva e moralmente inferior, de modo a possibilitar o sentimento de superioridade justificado e legítimo. Ao mesmo tempo, interesses econômicos e de reconhecimento social podem ser satisfeitos. A classe média tem interesse racional, como a elite econômica, na permanência de baixos salários para os pobres. Tem também uma mistura de interesses racionais e irracionais na destruição do frágil Estado de bem-estar construído para o aprofundamento do processo de inclusão. E tem todos os interesses irracionais, posto que de fundo afetivo e muitas vezes inconsciente, no ganho em reconhecimento social e autoestima pela sensação de distinção social provocada pela simples ampliação da distância física e social em relação às classes populares. Um reconhecimento social produzido à custa dos outros, por oposição ao reconhecimento social mais universalista das sociedades mais igualitárias. Uma fração significativa da classe média interpretou o incômodo da maior proximidade física das classes populares em espaços sociais de consumo, antes exclusivos, como o primeiro passo de um processo que podia significar uma ameaça aos privilégios reais de salário e prestígio. Esse aspecto é irracional, já que a qualidade da incorporação do capital cultural típico da classe média é outro. Contudo, para quem estava acostumado ao isolamento de espaços exclusivos, é compreensível que o medo do compartilhamento de espaços se transforme em medo da disputa pelos verdadeiros privilégios de classe.

O ataque cerrado da mídia manipuladora ao PT e o ataque concatenado a Lula não foram, portanto, ataques a pessoas ou a partidos específicos, mas a uma política bem-sucedida de inclusão das classes populares que Lula e o PT representam. Tal inclusão, malgrado todas as falhas que se possa apontar, teve significado histórico que não será esquecido. Como veremos mais à frente, o combate seletivo à corrupção pela imprensa e seus aliados no aparelho de Estado foi mero pretexto para combater uma política redistributiva. A imprensa comprada e sócia do saque feito pelo 1% de endinheirados a toda a população se uniu a interesses corporativos de todo tipo para derrubar um governo tão somente por sua vocação comparativamente mais popular.

Se a corrupção fosse o problema real, ter-se-ia dado ênfase aos aspectos institucionais que evitassem a compra da política pelo dinheiro. O que se viu, no entanto, foi um show de hipocrisia e perseguição a Lula e ao PT, deixando de lado todos os outros partidos e políticos. Falsidade e hipocrisia maior, impossível. Que muitos tenham acreditado nessa farsa, deve-se aos interesses racionais e irracionais da parte mais conservadora da classe média que, "afetivamente", ansiava por um pretexto convincente para expressar de modo mascarado seu ódio de classe.

Foi a união entre uma violência simbólica inaudita, comandada pela imprensa, com uma base social que ansiava por travestir seu ódio e seu desprezo de classe, reprimidos durante todos os anos anteriores de governo petista em uma bandeira hipócrita, mas que permitia "racionalizar" o racismo de classe e de raça em defesa da decência e da moralidade. Esse é o componente protofascista do golpe. Ele envolveu a manipulação consciente do medo de uma classe social que se percebia ameaçada. O fascismo europeu dos anos 1920 e 1930 foi alçado ao poder pelo mesmo mecanismo e pelo mesmo tipo de manipulação.

Foi esse medo, representado pela rápida ascensão social de setores populares, que ajudou a consolidar uma barreira de classe ao projeto inclusivo do PT. Faltava a narrativa adequada, um discurso que tornasse racional o medo irracional e um líder carismático com o mesmo peso que Lula tinha junto às classes populares. O discurso foi o moralismo de ocasião típico do combate seletivo à corrupção que já discutimos. O líder carismático foi o juiz Sergio Moro, que "exemplificava" e sintetizava nas suas maneiras e nas suas ações, ou seja, na sua estética e na sua moral, os anseios dessa classe por uma higiene moral redentora do país. Examinaremos agora a construção do discurso e do mito carismático.

O OVO DA SERPENTE: AS MANIFESTAÇÕES DE JUNHO DE 2013 E A CONSTRUÇÃO DA "BASE POPULAR" DO GOLPE

Existe uma linha clara de continuidade entre as glorificadas e midiaticamente manipuladas manifestações de Junho de 2013, as assim chamadas Jornadas de Junho, e o golpe de abril de 2016. Nesse intervalo de quase três anos, o ataque ao governo federal foi realizado sem tréguas, até a vitória final no processo de impeachment. As manifestações de Junho marcam o ponto de virada da hegemonia ideológica até então dominante e das altas taxas de aprovação aos presidentes dos governos petistas. Na verdade, representam o início do cerco ideológico até hoje mal compreendido pela enorme maioria da população. A grande questão é como protestos localizados com foco em políticas municipais foram manipulados de tal modo a se "federalizar" e atingir a popularidade da presidenta Dilma Rousseff, cujo governo àquela altura gozava dos mais altos índices de aprovação.

No início, as manifestações foram capitaneadas pelo Movimento Passe Livre (MPL), que tem como bandeira a tarifa zero para o transporte público. O MPL lutava, na ocasião, contra o aumento recente das passagens de ônibus, muito especialmente na capital paulista. Os estudantes eram tanto de classe média quanto da periferia da capital e já espelhavam um descontentamento talvez maior do que o aferido pelo simples aumento das passagens. Os jovens da periferia estavam tendo acesso às universidades, mas os empregos disponíveis eram precários e de baixa produtividade. Ao menos em parte, a insatisfação podia já antecipar um fenômeno acontecido na Europa do pós-guerra que universalizara o acesso à escola e ao ensino superior, incluindo também as classes populares. É um fenômeno que Pierre Bourdieu chamava de "inflação do diploma", para mostrar que o diploma, do mesmo modo que a moeda, quando produzido em quantidade excessiva e posto em circulação, já não vale o que valia antes para outras gerações.

Havia aqui material para criticar o governo. Mas seria uma crítica benigna para aprofundar o processo inclusivo que exigiria, por exemplo, uma nova base produtiva capaz de gerar empregos melhores e mais bem pagos. Não foi esse, no entanto, o caminho que a mídia conservadora ofereceu no seu papel de "partido político da elite do dinheiro".

Dilma reagiu ao tema da corrupção de modo ambíguo. Ao mesmo tempo que tentou lançar a pauta da reforma política como central no debate — e perdeu a batalha para a mídia dominante, que manteve o padrão da "fulanização seletiva" —, se aproximou do tema como "combatente" pessoalmente envolvida na cruzada anticorrupção. Ao fazê-lo de modo acrítico, se deixando colonizar pelo discurso do inimigo, ficou à mercê de um processo que não mais conduzia. Pior: terminou acreditando na farsa da imparcialidade da Operação Lava Jato, cujas leis de exceção, as quais permitiram prisões arbitrárias mais adiante, foram feitas pelo seu próprio ministro da Justiça, até o momento em que já era muito tarde para qualquer reação.

Historicamente, apenas o tema da corrupção, no Brasil, propicia a manipulação perfeita do público cativo: aquela que não toca nem de perto no acordo das elites nem nos seus privilégios e permite direcionar todo o fogo no inimigo de classe da ocasião. Trata-se de um tema que não oferece nenhuma reflexão e compreensão real do mundo, mas possibilita todo tipo de distorção, seletividade e manipulação emotiva de um público indefeso. Mas não existia à época nenhum escândalo para ser manipulado. Como proceder à sistemática distorção e fraude da realidade nesse contexto?

Se tomarmos o *Jornal Nacional*, da TV Globo, como uma espécie de porta-voz da reação conservadora extraparlamentar que se formou nas ruas do país — e que só se concluiu com o impeachment da presidenta recém-eleita —, podemos acompanhar passo a passo esse processo. O que se chamou mais tarde de Jornadas de Junho começou, como vimos, nas manifestações de milhares de jovens contra o aumento das passagens de ônibus em diversas capitais brasileiras, com epicentro em São Paulo. No dia 10 de junho de 2013, aconteceu a primeira referência do *Jornal Nacional* às manifestações. Como toda referência inicial, ela foi negativa, enfatizando o "tumulto", o prejuízo ao trânsito e o incômodo à população.

No dia 12 de junho, o programa fez novas menções negativas aos protestos, e a palavra "vandalismo" tornou-se recorrente como modo de designar o movimento. Cerca de oitenta ônibus sofreram ataques e depredações, bem como várias estações de metrô em São Paulo. O *Jornal Nacional* mostrou cidadãos reclamando do tumulto e da perturbação da ordem. Até esse ponto, apenas a prefeitura e o governo estadual eram alvos. Os manifestantes foram criminalizados e, alguns, presos por formação de quadrilha e depredação, crimes inafiançáveis. No dia 13 de junho, a cobertura jornalística seguiu o mesmo padrão anterior: imagens da avenida Paulista bloqueada e do Centro do Rio de Janeiro mostravam provocações de manifestantes ainda criminalizados. O protesto era visto como passageiro em meio à Copa das Confederações, torneio de futebol que ainda dominava o noticiário. A Proposta de Emenda Constitucional nº 37/2011, conhecida como PEC 37, foi pela primeira vez mencionada pelo telejornal, ainda que, como mostra uma pesquisa do Ibope, sua importância fosse apenas marginal nesse início de manifestações.[2]

---

2 No dia 24 de junho, o Ibope divulgou a pesquisa completa em que apenas 5,5% dos manifestantes apontavam a PEC 37 como a principal razão dos protestos. *G1*, "Veja pesquisa completa do Ibope sobre os manifestantes", São Paulo, 24 jun. 2013.

É interessante notar aqui já um início da articulação e do conluio entre o aparato jurídico-policial do Estado e a imprensa. A PEC 37 e sua crítica passam a ser frequentemente referidas pelo *Jornal Nacional* como uma demanda cada vez mais importante das "ruas". A PEC delimitava a atividade de investigação criminal como uma exclusividade das polícias federal e civil dos estados e do Distrito Federal, como, aliás, acontece na maioria dos Estados democráticos. Isso contrariava o desejo dos integrantes do Ministério Público, que também queriam investigar e acusar — o que, por sua vez, contrariava a divisão de trabalho típica do Judiciário. A ideia aqui é que houvesse controles recíprocos e nenhum órgão pudesse monopolizar todas as ações e todos os momentos processuais. O "agrado" do *Jornal Nacional* ao Ministério Público já lançava as primeiras bases da atuação em conluio.

No dia 15 de junho, foram noticiados também os protestos dos produtores rurais contra os índios e a política de demarcação de terras da Fundação Nacional do Índio (Funai). A proposta era retirar do Executivo o protagonismo nessa área e passá-lo para o Congresso. A reportagem foi amplamente favorável aos proprietários. Também a manifestação de 8 mil pessoas em Belo Horizonte ainda era centrada no preço da passagem do ônibus. Por isso, a cobertura continuava sendo negativa, focando o incômodo causado pelas manifestações. Mas já havia certa "compreensão" dos motivos dos manifestantes. O *Jornal Nacional* começava a perceber o potencial de crítica ao governo, mas ainda não se descobrira a federalização. A crítica se concentrava ainda nos transportes públicos, que são atribuição municipal.

A cobertura do dia 17 de junho mudou o panorama completamente. O protesto passou a ser definido como pacífico, e a bandeira brasileira se tornou seu símbolo. Agora, os protestos eram tidos como "expressão democrática" e já não se dizia que causavam tumulto ou prejuízo ao trânsito. O sentido mudou de negativo para positivo. A ênfase em bandeiras específicas, como os protestos contra os gastos da Copa do Mundo da Fifa, a PEC 37 e, em sentido ainda abstrato, contra a corrupção, se inicia e consolida a federalização aberta do movimento. Os apresentadores do telejornal passaram a dizer com rosto feliz e sorriso aberto que tudo era pacífico. Os tumultos agora eram produto de uma "minoria de vândalos".

No dia 18 de junho, a cobertura passou a combater a repressão aos movimentos agora vistos como pacíficos, ainda que alguns dias antes o telejornal mostrasse preocupação com o "vandalismo". Imagens de Lisboa e Londres mostraram protestos pelo respeito às manifestações. Bandeiras do Brasil e rostos pintados como nas Diretas Já apareceram por todos os lados. Começava a criação estética e moral do movimento antigoverno federal capitaneado pela grande imprensa: os ritos passaram a ser cantar o hino nacional, vestir a camisa amarela da seleção de futebol, ter a cara pintada e usar a bandeira do Brasil. Mudaram não apenas as bandeiras iniciais do movimento, mas também o público que as apoiava. Em vez de jovens e estudantes, tínhamos agora famílias de classe média com perfil de renda alta.

A cobertura do *Jornal Nacional* no dia 19 de junho passou por uma transformação decisiva. A federalização dos protestos, com o objetivo de atingir a figura da presidenta, ganhou corpo com a criação de palavras de ordem pelo próprio telejornal, que agora promovia e incentivava as manifestações como explosão democrática do povo brasileiro. Pela primeira vez, o *Jornal Nacional* mostrou a queda de popularidade da presidenta: de 79% de contentamento com o governo em março de 2013 — sua maior aprovação histórica — para 71% em junho. Apesar de a queda inicial ter sido apenas moderada, percebia-se claramente que os protestos podiam ser canalizados para atingir Dilma Rousseff.

O *Jornal Nacional* cerrou fileiras contra a presidenta e seu governo. Os temas que se tornariam clássicos mais tarde se constituíram ali. A bandeira antipolítica e antipartidária surgiu. Inflação e custo de vida se tornaram o foco e substituíram a questão sobre o aumento das passagens de ônibus. Entraram com toda a força o ataque à PEC 37 e o tema cada vez mais importante da corrupção. O telejornal chegou a afirmar que "quem é contra a PEC 37 não precisa cobrir o rosto". Disse também que a Globo pretende "dar voz aos manifestantes" e por isso lamenta a depredação de carros da imprensa. O ataque ocorreu por parte de uma pequena minoria de manifestantes que percebeu, precisamente, a manipulação midiática de um processo que estava em seu comando no início e foi paulatinamente tomado pela atuação combinada dos órgãos da imprensa conservadora.

O telejornal do dia 20 de junho, dia dos grandes protestos, mudou de vez o tom da cobertura. Lamentavam-se ainda alguns casos de manifestantes "radicais" isolados, mas no Rio e em São Paulo comemorava-se abertamente o dia de manifestações históricas, com ampla maioria da classe média conservadora que viria a ocupar o palco da política conduzida midiaticamente até o impeachment, em abril de 2016. O fim da corrupção já se tornara a palavra mais importante depois da diminuição das tarifas de ônibus, transformando-se na bandeira central de todo o movimento conservador a partir de então.

Os partidos políticos foram demonizados, já que, como sabemos, apenas os partidos de esquerda têm capilaridade e militância. Estes seriam vistos com desconfiança, pois se começa aqui a criminalizar a política enquanto tal, o que só aumentaria com a manipulação midiática da Operação Lava Jato. Como em todos os movimentos autoritários, os militantes viriam a se perceber como únicos defensores da nação, "representando o Brasil" de modo indiviso e apartidário. É a política dos pretensos apolíticos. Para o *Jornal Nacional*, as manifestações, dominadas pelo público que a imprensa chamava à rua, passavam a ter a qualificação de uma verdadeira "festa pacífica e democrática".

A cobertura do dia 21 de junho já mostrava que o esquema de distorção e manipulação dos fatos estava concluído. Ainda sobravam incompreensões sobre o movimento, enquanto a Conferência Nacional dos Bispos do Brasil (CNBB) apoiava as manifestações, enxergando-as no campo da luta contra a desigualdade. Qualquer apoio agora era comemorado e canalizado. O *Jornal Nacional* cobriu a matéria do *New York Times* sobre as manifestações, que as interpretava como protestos contra os "serviços públicos precários", significando que a maioria da população não estaria satisfeita com as promessas petistas. A ala direitista da classe média, então núcleo central do movimento, tendia a ser percebida como "o povo" clamando nas ruas. Os "baderneiros" eram agora agentes infiltrados no tal movimento democrático e pacífico.

Uma repórter do *Jornal Nacional* perguntou a um dos líderes do MPL que pretendia encerrar os protestos, já que o aumento das passagens fora revogado, se as "outras pautas", como a PEC 37 e o combate à corrupção, não mereciam também continuar nas ruas. O líder respondeu que essas jamais foram pautas do movimento e se declarou contra a hostilização de partidos políticos. A manifestação perdia seu sentido popular e reivindicativo e se tornava um arremedo de "festa popular", comandado agora pela classe média branca e conservadora, contra a corrupção e a ladroagem na política, que se tornava definitivamente sua bandeira central. O PT e os manifestantes da esquerda foram hostilizados. Aqueles ligados a partidos políticos foram expulsos. A Federação das Indústrias do Estado de São Paulo (Fiesp) exibiu a bandeira do Brasil em seu prédio.

As coberturas dos dias seguintes apenas aprofundaram o veio, enfim encontrado, para a federalização de conflitos antes localizados e municipalizados. A estratégia foi buscada no dia a dia, em teste empírico de tentativa e erro — método, aliás, que seria desenvolvido em todas as outras estratégias que redundariam, finalmente, no golpe de abril de 2016. Procurou-se premeditadamente e a sangue-frio testar o gosto do público e inserir pautas antes estranhas ao movimento, como no caso mais claro do apoio à derrubada da PEC 37. O sentido aqui foi fazer um "carinho", materializado pelo apoio explícito de pautas corporativas do aparelho jurídico-policial do Estado a sempre mais poder sem controle, um prenúncio das estratégias de "vazamento seletivo" que se daria mais tarde. A PEC 37 passou a ser a senha de apoio midiático para as corporações jurídicas do Estado e seu projeto de aumento do poder corporativo que lhes assegurava privilégios que os cidadãos comuns nem sequer sonhavam, tornando possível que se apropriassem da agenda do Estado.

A mídia passou, a partir de Junho, a se associar às instituições do aparelho jurídico-policial no processo de deslegitimar o governo eleito.

Palavras de ordem como "Muda Brasil", uma forma cifrada de invocar a verdadeira bandeira — "Muda (de governo) Brasil" —, dominavam o imaginário das manifestações. A corrupção ganhava cada vez mais proeminência e os gastos com saúde e educação — que nunca haviam sido tão expressivos como então — eram sempre mencionados de modo negativo em relação ao governo. Ocorreu, na realidade, uma inversão de perspectivas que não deixa de confundir a todos: o governo federal que mais havia investido em educação e saúde passa a ser a vítima única da atenção midiática que, conscientemente e de caso pensado, confunde e embaralha as competências federativas de modo que toda a culpa caiba unicamente à União.

A reação governamental tentou canalizar as manifestações para tirar da imobilidade diversos projetos de interesse popular que se encontravam parados no Congresso, por conta do perfil conservador das duas casas. No dia 24 de junho, o governo propôs uma reforma política, para combater a corrupção, e cinco pactos: transporte público; reforma política; corrupção como crime hediondo; médicos estrangeiros; e destinação de 100% do pré-sal para a educação. A resposta foi inteligente, mas tardia e pouco efetiva. Não só o Congresso reagiu mal, como também houve desinteresse da mídia, que experimentava o auge de seu poder de pautar a agenda política relevante. O *Jornal Nacional* continuou, nesse mesmo dia, martelando o assunto da PEC 37, na esperança de cooptar o alinhamento do aparelho jurídico-policial, com o objetivo de deslegitimar o governo federal — essa mesma tentativa se revelaria um verdadeiro filão para a estratégia golpista mais tarde.

A reforma política — na verdade, a única resposta racional à manipulação midiática que passou a se estender às ruas — foi transformada em proposta por plebiscito, já que o Congresso a barrava. Mas o bombardeio já começara: a grande aposta era a da reforma política paralisada havia muito tempo no Congresso, mas nenhum peso foi atribuído a ela pela mídia supostamente tão interessada no combate à corrupção. No dia 29 de junho, finalmente, o *Jornal Nacional* colheu o sucesso retumbante da violência simbólica tão bem perpetrada: foi ao ar uma pesquisa segundo a qual a aprovação popular da presidenta Dilma despencara em queda livre. Ela perdera 27 pontos percentuais desde o início dos protestos que visavam, originalmente, a questões locais e municipais. Era a maior queda de popularidade de Dilma desde o início do mandato.

Foi um sucesso absoluto a campanha midiática pela federalização das manifestações e pela personalização do descontentamento na pessoa da presidenta da República: houve queda de 35 pontos na popularidade de Dilma se a comparação se der com o mês de março de 2013, quando ela gozava de sua maior taxa de aprovação. A rejeição também aumentara de inexpressivos 7% para 25%. Vitória total da violência simbólica. Esse foi o efetivo começo do golpe.

O CASAMENTO ENTRE A MÍDIA E A CLASSE MÉDIA CONSERVADORA

Já em Junho de 2013 havia um delineamento geral de todas as forças que se articulariam mais tarde para o golpe de abril de 2016. Algumas alianças se consolidaram durante o processo, outras começaram aqui e ali a se desenvolver. A aliança que se fortalece é a que se estabelece entre a mídia e a classe média conservadora, o elemento "popular" que faltou no Mensalão. A aliança que se descortina — a partir do apoio midiático à derrubada da PEC 37, que na pesquisa Ibope citada antes não havia sido mencionada por quase ninguém como razão espontânea de ida às ruas — é o conluio com o aparelho jurídico-policial do Estado. Esse último acerto se constrói especialmente no decorrer de 2015 como produto da divisão de trabalho, com o fito de deslegitimar o governo eleito, o que a Operação Lava Jato permitiu levar a cabo com retumbante sucesso. Esse ponto será analisado a seguir. Agora, nos interessa examinar a construção de uma suposta "base popular", que é de fato elitista, fundada nas classes do privilégio, para o processo golpista.

É importante perceber todo o alcance do pacto entre a mídia conservadora e a construção de uma classe média "revolucionária", que tem início em Junho de 2013. Com o sucesso da estratégia de pautar as manifestações e distorcer seu sentido inicial de modo a atingir o Executivo e federalizar o descontentamento difuso da população, a mídia dominante percebeu sua força de criar uma realidade virtual. Efetivamente, como mostra o exemplo do *Jornal Nacional*, a habilidade de distorcer pautas populares espontâneas e conseguir manipulá-las para enfraquecer o Executivo, que gozava de amplo apoio popular até então, foi extraordinária.

Esse sucesso se dá, na ocasião, de forma ainda limitada. A base de apoio real em Junho de 2013 ainda é a velha classe média conservadora, que nunca havia comprado a pauta de reforma social petista e sempre votara contra esse projeto em todas as eleições. Até aí, nenhuma novidade. Mas essa mesma classe ganha, nesses episódios, por força da construção da narrativa midiática que lhe reserva o papel de "heroísmo cívico", um estímulo novo e gigantesco. A intensidade do apoio aumenta e a mobilização desses setores chega a graus inéditos na história do país. A direita conservadora e moralista de ocasião começa a mostrar a que veio e se assumir como tal.

A novidade aqui não é o simples acordo de sentimentos e visão de mundo, que sempre existiu entre as grandes redes de TV, os grandes jornais e seu público cativo. O que é novo, tornando-se um dado decisivo a partir de 2013, é a verdadeira conversão midiática desse ator político conservador, geralmente discreto e recluso, em "classe revolucionária" com extraordinária e súbita autoconfiança, podendo exprimir-se nas ruas sem qualquer vergonha ou pejo. Em vez de reclamar à boca pequena, apenas entre amigos, dos rolezinhos dos jovens da periferia de São Paulo, ou do "populismo petista" com os programas de transferência de renda, ou, ainda, dos aeroportos, "com gente sem educação e que fala alto", essa classe, agora, se percebe "orgulhosa" de si mesma.

Esse é um fenômeno que ainda precisa ser bem compreendido por nós. O sentimento escravocrata que contamina a elite com indiferença *blasé* em relação aos destinos do país e de sua gente é, na verdade, não só compartilhado, mas intensificado na fração conservadora da classe média. E por boas razões. O desprezo em relação aos pobres, a quem culpam pela própria pobreza — afinal, a culpabilização da vítima permite que os responsáveis pelo esquecimento secular e pela humilhação diária não sejam apontados —, faz parte, de algum modo, da construção da certeza da própria distinção. O processo acelerado de inclusão social brasileira entre 2003 e 2013 — via, sobretudo, a valorização real do salário mínimo além da inflação — fez com que os pobres tivessem acesso a oportunidades de consumo antes impensáveis.

O mero fato da proximidade física dos pobres em lugares antes reservados à classe média trouxe à baila um racismo de classe e de raça perverso, que se mantinha escondido do debate público nas condições de extrema desigualdade que o país vivia. O compartilhamento dos mesmos espaços sociais irrita e incomoda ainda mais com a nova postura e atitude das classes populares de desafiar o olhar incômodo. Mas isso não é o pior. Muito pior que compartilhar espaços antes exclusivos é o "medo" — irracional, neste caso — de que a ascensão social ameace muito mais que os espaços exclusivos. A classe média passa a ter medo de que também seus privilégios de classe e seus empregos sejam ameaçados. Esse medo é, em grande medida, novamente, irracional, posto que a ascensão das classes populares se dá muito mais pela via do consumo do que pela via da incorporação de capital cultural, reconhecido como o grande mecanismo da reprodução dos privilégios da classe média. Mas as medidas do segundo governo Lula no sentido de ampliar as chances de acesso ao capital cultural e ao conhecimento valorizado também para as classes populares já são o começo de um importante processo que, segundo se imaginava à época, seria irreversível.

Diferentemente da classe alta, que se dá ao luxo de desprezar os pobres, posto que nada ameaça seu controle do capital econômico, firmemente concentrado em suas mãos, a classe média do capital cultural legítimo, ainda que a distância social seja imensa, começa a imaginar razões para temer o processo em curso de arregimentação e ascensão das classes populares. "Populismo" torna-se cada vez mais uma palavra que não sai da boca de muitos, inclusive de editorialistas de jornais e da TV que desejam aproveitar a ocasião para arregimentar seu público. A acusação de populismo é muito interessante; indica que alguém estaria se aproveitando da ingenuidade dos pobres para se consolidar no poder. O "bom", nesse caso, seria continuar a esquecer e abandonar os pobres, como a maioria havia feito até então, já que assim eles não seriam feitos de tolos.

Se agradar à maioria é populismo, a boa democracia é, então, aquela que os esquece e se dedica à minoria de privilegiados. Afinal, ninguém poderia chamar de populismo a ajuda a essa minoria, por pura e simples dedução lógica. A crítica ao "populismo", que criminaliza a atenção à maioria esquecida, apesar de absurda, foi ouvida o tempo todo durante esses anos — não apenas da boca dos não especialistas da classe média, mas também de intelectuais, em livros e jornais. Contudo, a própria dificuldade com a noção de populismo como meio de deslegitimar as medidas de apoio à parte de baixo da população mostra que a classe média conservadora e os partidos que a representam estão na defensiva, sem um discurso articulado e convincente. Por conta disso, perdem todas as eleições para presidente e também a hegemonia ideológica para a esquerda do espectro político — ou seja, não possuem a narrativa mais convincente para descrever o rumo a ser tomado pela sociedade.

É precisamente nesse contexto que as decantadas Jornadas de Junho vão possibilitar o vislumbre de uma nova narrativa para a direita e seu público. O caráter enigmático e multifacetado das manifestações ajuda enormemente a montagem de uma farsa midiática. O início das manifestações mistura tanto estudantes de classe média quanto estudantes da periferia, os quais, ao menos em parte, expressam insatisfação não só com serviços públicos precários, mas também com a falta de empregos de maior qualificação, já que o pleno emprego daquele período estava ligado ao mercado menos qualificado. O governo vinha investindo maciçamente em vagas sociais e raciais e ampliando as universidades públicas e escolas técnicas, o que criava uma demanda por empregos de maior qualificação que não podia ser atendida sem modificações na matriz produtiva.

Um dos fatores da insatisfação difusa parece ter sido, portanto, o efeito não intencional de políticas virtuosas de maior inclusão das classes populares, com acesso ao capital cultural de maior reconhecimento e prestígio. Com a expansão da educação superior para os setores populares, estaria ocorrendo aqui a "inflação do diploma" universitário — de modo muito similar à diagnosticada por Bourdieu, como vimos anteriormente —, uma vez que a graduação superior não "comprava" mais o que prometia: acesso a melhores empregos, com maior qualificação, que afinal não são tão numerosos quanto os de baixa qualificação. Como já havia ocorrido com países europeus que massificaram o ensino superior, estaríamos experimentando uma frustração típica do público mais jovem, que não recebe mais o que gerações anteriores puderam desfrutar.

Além disso, houve confusão tanto real quanto deliberada acerca do caráter antipolítico do movimento pela rejeição, por vezes violenta, de flâmulas de partidos políticos. Muitos perceberam nisso o nascimento de uma "nova forma de fazer política", contrária à forma fossilizada e burocratizada dos partidos tradicionais. Criou-se, então, uma oposição entre uma "política viciada", tendencialmente corrupta e distante das ruas, e uma "nova política", supostamente mais espontânea, com maior capilaridade social, em grande parte possibilitada pelo uso das mídias sociais, que foram uma importante base de arregimentação política das manifestações. A candidata às eleições presidenciais de 2014 Marina Silva surfou nessa onda como ninguém: ela chegou a obter índices expressivos de popularidade no período. A associação temporal com a Primavera Árabe, que ocorria no Norte da África — e que também fora ingenuamente interpretada como renascimento democrático dos países islâmicos —, aumentou a falsa impressão de novidade.

Como se veria depois, de modo mais claro, o "suposto novo" era, pelo menos em grande medida, o que a "novidade" é, na imensa maioria das vezes, mais ou menos em todo lugar: mera máscara de algo muito velho, ansioso por parecer algo novo. No nosso caso, tratava-se de uma máscara da velha e surrada rejeição conservadora e antidemocrática à política vista como suja e corrupta. Assim, em vez da novidade da "nova política", o que tivemos foi a arregimentação política dos setores mais conservadores da sociedade brasileira e sua virtual transformação em "classe revolucionária" da direita, por meio do aprofundamento da gigantesca manipulação midiática — iniciada em Junho de 2013 — nos episódios mais marcantes da eleição presidencial de 2014 e, logo depois, na Lava Jato.

A verdadeira novidade das Jornadas de Junho foi a reconstrução, repaginada e turbinada — uma espécie de versão 2.0 — de um ator político velho e bem conhecido da história brasileira: a fração da classe média moralista e conservadora, que sempre desprezou e odiou os pobres e os negros, representantes da maioria da população brasileira. É essa fração que torna as manifestações verdadeiros fenômenos de massa a partir do dia 19 de junho de 2013, quando a mídia já se preocupa em separá-la cuidadosamente da minoria de "vândalos". É também quando as manifestações passam a ser percebidas pelo *Jornal Nacional* como uma "grande festa democrática". Nesse sentido, são construídas para esse suposto "ente novo" na nossa política uma nova estética e uma nova moral.

A nova estética foi extremamente importante. A camisa da seleção brasileira de futebol e a bandeira nacional se tornaram os símbolos que ninguém mais conseguiu retirar ou sequer disputar com essa fração de classe. A camisa amarela passa a mensagem mais importante: "Não somos de nenhum 'time', como não somos de nenhum partido. Nosso time é a seleção, e nós torcemos pelo Brasil." O ufanismo do país indiviso — que não tolera a diversidade e ao mesmo tempo apresenta uma única representação da nação —, um protofascismo óbvio, não foi criticado pela mídia, mas, pelo contrário, louvado e estimulado. O *Jornal Nacional* sugeria em suas coberturas que os "amarelinhos", quando iam às ruas, reagiam espontaneamente, enquanto os "vermelhos" eram militantes profissionais sectários.

Esses símbolos conseguiram também passar a impressão para boa parte do público de que essa fração privilegiada, branca e bem-vestida representava o "interesse nacional" em uma mudança para o melhor de todos. O componente moral também foi decisivo. Ele atuou em dois sentidos.

O primeiro foi incutir nessa fração de classe o sentimento de protagonismo no movimento, ainda que, na verdade, fosse mero instrumento de manipulação do consórcio elites/mídia. Esse sentimento foi construído com maestria sob a batuta do *Jornal Nacional*. O segundo dado decisivo da construção "moral" desse grupo foi a substituição, estruturada pouco a pouco, das bandeiras por melhores serviços públicos pela bandeira, àquela altura ainda abstrata, do combate à corrupção e à PEC 37.

Essa fração se via agora como "poderosa", dada a sua transformação midiática de mera massa de manobra e tropa de choque em suposta protagonista, e, mais importante, legitimada naquilo que tanto por horizonte cognitivo quanto afetivo sempre havia defendido. As críticas ao "populismo petista" e aos seus programas de governo deixaram de soar, de uma hora para outra, como reclamação ilegítima. Ao contrário, elas adquiriram a fachada de engajamento contra o "mundo sujo" da política, acentuada pelo caráter pacífico e festeiro das manifestações a partir da entrada massiva dessa fração. Estava criada a base social do golpe. Essa mesma fração, descontente com a política por conta das seguidas derrotas eleitorais de seus representantes, se descobria, de uma hora para outra, portadora do bem, da nacionalidade e da moralidade pública.

A "moralidade" é o terreno mais importante de apreensão tanto cognitiva quanto moral do mundo, muito especialmente para os setores sociais médios. Como a complexidade do funcionamento da engrenagem social é muito alta e desafiadora, a perspectiva da moralidade faz possível tornar o mundo compreensível do mesmo modo que as novelas e os filmes de grande bilheteria. O mundo deixa de ser um palco de interesses opacos em disputa para se tornar supostamente transparente; um lugar onde as boas ou más intenções de seus atores se transformam nos pilares do entendimento. Assim, torna-se possível separar o mundo entre bandidos e mocinhos, com base em uma oposição binária e simplista, mas de fácil compreensão, posto que colada nas avaliações práticas que todos realizam no senso comum do dia a dia. A mídia passa a ser a instância que torna esse julgamento e essa separação entre as pessoas boas e más possível e crível, simplesmente ampliando o horizonte interpretativo das novelas e repassando-o à política e à sociedade.

Paralelamente à dimensão cognitiva, temos uma esfera ainda mais importante para a cooptação dessa fração de classe, que é a dimensão afetiva. A imensa maioria de nós, seres humanos, não tende a aceitar nem a amar a verdade, como já dissemos. São necessários requisitos raros para o enfrentamento de qualquer verdade, seja na vida pessoal, seja na vida coletiva. Para começar, a verdade quase nunca é agradável aos nossos ouvidos. Ela mostra, por exemplo, que quase sempre temos responsabilidade naquilo que adoramos imputar aos outros. Nossa predisposição, por conta disso, é toda reservada à "legitimação da vida" que efetivamente levamos. Adoramos justificar aquilo que já somos. A autocrítica é tão rara quanto um belo diamante.

O discurso midiático inteligente e manipulador transformou a classe média no sonho realizado de si mesma, na sua autoimagem idealizada — que é sempre infantil. Em lugar de ódio aos negros e aos pobres — como mostra o apoio, silencioso ou explícito, à matança indiscriminada de pobres e jovens negros nas grandes cidades brasileiras ou a humilhação diária de serviçais, ou ainda o profundo incômodo com as políticas de inclusão social dos governos petistas —, essa fração podia se ver agora, como que por milagre, como locomotiva da nacionalidade nas ruas. Por oposição aos "de cima na sociedade", com quem a classe média conservadora mantém uma ambígua relação que mescla ressentimento e inveja, essa fração podia se ver como a única "do bem", a única verdadeiramente moral e decente. A versão turbinada da classe da moral e da decência, que ela não só representa, mas que agora ativamente incorpora de modo corajoso nas ruas, enfrentando supostos perigos e ameaças, é o que cria a fração de "classe revolucionária" da contrarrevolução popular que o golpe representa.

A integração dessa classe à dinâmica do golpe foi decisiva para seu sucesso posterior. Foi o contrário do que ocorrera em 2005, no Mensalão — a primeira tentativa de "golpe branco" a partir da associação entre elites econômicas, Congresso comprado, mídia manipuladora e Justiça "justiceira". Nesse caso, faltara o elemento popular, indispensável para o sucesso de qualquer golpe de Estado. O Mensalão foi, por assim dizer, uma espécie de ensaio geral do golpe aplicado em abril de 2016. Mas, naquele momento, a mídia conservadora foi pega de surpresa e apostou no desgaste do PT nas eleições seguintes, em 2006.

Foi aí que se percebeu a sensibilidade da classe média, especialmente da sua fração mais conservadora, ao tema da corrupção. Claro que o ressentimento não era exclusividade desse estrato social e atingiu faixas da classe trabalhadora e da classe dos excluídos, mas isso se deu em escala notadamente menor. É que, em linhas gerais, a bem-sucedida política de inclusão social do governo havia logrado obter a fidelidade dos setores mais pobres. Para eles, a corrupção e o engodo, de forma geral, são um dado universal da "política dos ricos", e o decisivo é a existência ou não de políticas que contemplem uma melhora de sua situação social. Essa posição é tida por muitos como prova de que a falta de educação formal implicaria menor compreensão da política e da importância da corrupção nesse terreno. A verdade, porém, é o contrário: os pobres demonstraram uma extraordinária racionalidade prática, provando-se menos propensos que a supostamente mais crítica e refletida "classe média" ao não se deixar fazer de tolos por um discurso sempre partidário e seletivo da corrupção que persegue alguns e blinda outros.

Nas eleições de 2014, já tínhamos o golpe antipopular em marcha. Ainda que a margem da vitória eleitoral tenha sido muito pequena, uma clara divisão de classes se estabeleceu. Seja no perfil regional que opõe Sul e Sudeste ao Norte e ao Nordeste, seja no mapa interno das grandes cidades, que opuseram suas periferias aos centros urbanos, o país se mostrou dividido, com pequena vantagem das classes populares, mais numerosas. A tentativa de usar os protestos de Junho contra a presidenta teve sucesso apenas parcial. A reação de Dilma, com seu discurso à nação no dia 21 de junho de 2013, foi parcialmente bem-sucedida ao reinterpretar corretamente as manifestações no sentido de atender às reivindicações populares da primeira metade da onda de protestos. Essa estratégia correta serviu de proteção à demonização do governo pretendida pela mídia conservadora.

Ao mesmo tempo, a interpretação de centro-direita das manifestações, próxima à candidata Marina Silva — que havia surfado na onda que a percebia como um clamor por uma política "renovada" de tradição burocrática e aberta aos novos meios de comunicação —, mostrou seu artificialismo. Com uma agenda política típica do que chamo de "classe média de Oslo", em que a hierarquia das questões percebidas como centrais refletem uma "agenda escandinava", espelhada em países que superaram a pobreza e a miséria social, a candidata não se manteve como competidora a ser levada a sério por muito tempo. Marina Silva se revelou uma tentativa de uma direita que procurava se reinventar e dar um toque charmoso e europeizado à mesma hegemonia econômica que animava a direita como tradicionalmente a reconhecíamos no espectro político. O fato de ser uma coisa e querer parecer outra permitiu uma desconstrução impiedosa da candidata na campanha eleitoral, por parte do marketing político de Dilma. Marina Silva não segurou o baque e caiu vertiginosamente na preferência popular.

O candidato da direita, Aécio Neves, já espelhava a nova autoconfiança que a manipulação midiática das manifestações de Junho de 2013 deixara como legado. Pela primeira vez, um candidato conservador brasileiro não fez de conta que era de centro-esquerda. A manipulação do tema da corrupção — dando visibilidade a alguns e tirando a de outros — permitiu que a direita tentasse se apropriar dessas bandeiras. A ela se juntaram os discursos clássicos do "controle da gastança" e da austeridade fiscal. A direita deixou de ter vergonha de se apresentar como tal. Este é o grande produto da manipulação midiática das Jornadas de Junho: assumir o credo reacionário e elitista se torna chique e legítimo.

Depois da quarta derrota seguida, as forças conservadoras não só não aceitaram o fracasso eleitoral, como também começaram a flertar com um caminho não eleitoral. É aqui que entra em cena de modo arrebatador o elemento fundamental no esquema do golpe comandado pelos endinheirados: o complexo jurídico-policial do Estado. Instituições destinadas a proteger a democracia passaram a agir de modo concertado para derrubá-la. Agindo em parceria e em conluio com a mídia conservadora e servindo de fomentadora para a recém-organizada base social de extrema direita, a casta jurídica que comandava o combate à corrupção seletiva tornou-se a chave para a compreensão do "golpe branco" em abril de 2016. O combate à corrupção torna-se pornograficamente seletivo, uma vez que persegue a esquerda enquanto blinda a direita. Contudo, sem a participação do nosso verdadeiro "partido das elites", a imprensa manipulada e manipuladora, o clima insurrecional que possibilitou o golpe não teria se formado. A imprensa partidária e conservadora já havia criado uma base social de extrema direita. Faltava o discurso para direcionar e arregimentar a base social recém-construída.

A IMPRENSA COMO PARTIDO POLÍTICO

A elite do dinheiro, descontente, tem agora não apenas seus aliados de sempre — Congresso comprado pelo financiamento privado de eleições e mídia comprada por confluência de interesses —, mas também uma base social altamente motivada e engajada, em uma luta que percebe como sua. Essa fração de classe, ingênua e hipócrita de fio a pavio, se imagina não como massa de manobra, mas como protagonista do drama. Isso não é pouco. Não se compreende o golpe de abril de 2016, reforço outra vez, sem entender a manipulação dos protestos de Junho de 2013. Mas faltava ainda um elemento decisivo de toda rebelião, seja ela libertária, seja ela reacionária: a construção de um discurso coerente. Este inexistia em Junho de 2013, e veio daí o caráter enigmático e multifacetado dessas manifestações que desafiou a capacidade interpretativa dos analistas.

Esse discurso anticorrupção seria usado de modo seletivo contra o PT, procurando atingir, sobretudo, seus principais líderes: Lula e Dilma. Não era a primeira vez que a corrupção entrava em cena para travestir os interesses da elite econômica e seus aliados de "interesse coletivo". Como vimos, é o único mote dos endinheirados e de seus aliados em reação a líderes populares no poder. O Mensalão ocorreu sem uma base social engajada que tomasse as ruas e transmitisse a impressão de que o "povo" estava protestando. Essa foi a diferença central entre o golpe fracassado do Mensalão e o golpe bem-sucedido de abril de 2016. Como já notado anteriormente, houve também a utilização de parte dos recursos do *boom* de commodities em programas sociais que permitiu a lealdade dos mais pobres, tornando o tema da corrupção seletiva, ou seja, a corrupção "fulanizada" e nunca percebida, um sistema que contamina todos os agentes — algo irrelevante para essas classes naquela ocasião.

A discussão anterior mostrou a bem perpetrada manipulação midiática por meio do exemplo do *Jornal Nacional*, que conseguiu "pautar" as manifestações de 2013, que antes atiravam para todo lado. Essa pauta foi pensada no sentido tanto de construir um fio condutor anticorrupção — ainda "abstrata", uma vez que apenas a Lava Jato viria a torná-la "concreta" — quanto de propiciar uma aliança com os aparelhos jurídico-policiais do Estado, já indicada pelo apoio decisivo à derrota da PEC 37 no Parlamento. A proposta de emenda à Constituição visava a garantir que polícia, Ministério Público e Poder Judiciário dividissem entre si o trabalho na atividade judicial, ou seja, as atividades de investigar, acusar e julgar. Segundo essa divisão, a polícia investigaria, o Ministério Público acusaria e só o juiz julgaria. Assim, nenhuma corporação poderia abrigar dentro de si as mesmas atividades. Embora a imensa maioria dos manifestantes não tivesse a menor ideia do que era a PEC 37, nem para que servia, o *Jornal Nacional* indicou o caminho, como vimos, e os inúmeros "amarelinhos" que começaram a aparecer a partir do dia 19 de junho tornaram-se defensores da causa.

Na maré de comoção nacional que se instaurou depois das insurreições, a PEC 37, que antes era dada como ganha no Congresso, teve derrota fragorosa de 430 votos contra 9 em plenário. Foi o começo de um namoro ardente entre a mídia e as corporações jurídico-policiais do Estado, que caminhou para uma lua de mel que prometia casamento duradouro e feliz. A partir desse instante, o golpe se deu sob a forma de parceria entre a mídia e o aparelho repressivo do Estado. Como e por que se deu essa parceria?

Primeiro temos a defesa das pautas corporativas do aparelho jurídico-policial e depois o vazamento seletivo, sistemático e ilegal de trechos de depoimentos comprometedores amplamente novelizados e transformados em espetáculo para um público cativo. A partir de 2014, especialmente com o aprofundamento da disputa eleitoral daquele ano para a Presidência da República, a operação conhecida como Lava Jato passa a dominar e colonizar o espaço público com a criminalização do PT e da base de apoio ao governo. O "cordeiro do sacrifício" aqui é o Partido dos Trabalhadores.

Ainda que os partidos da base governamental, como o Partido Progressista (PP) e o então PMDB, estivessem mais envolvidos e controlassem setores-chave na Petrobras, cujo esquema de propinas constitui a base da Lava Jato, a opinião pública não esperava coisa muito diferente deles. Percebidos como partidos fisiológicos que funcionam como "balcão de negócios" mal disfarçados, o envolvimento de políticos ligados a esses partidos em escândalos não produz comoção. O contrário se dá com o PT, partido que surge como opção a uma forma corrompida de fazer política e se vê enredado na maior crise de sobrevivência de sua história, com uma investigação que o rasga por dentro e lhe custa alguns dos melhores quadros, chegando a ameaçar seu líder maior.

Na raiz dos problemas está o assim chamado "presidencialismo de coalizão" que caracteriza o sistema político brasileiro. Como qualquer presidente muito dificilmente vai eleger também uma maioria parlamentar que possa formar sua base de apoio no Congresso Nacional, será obrigado a compor e entrar em uma série de acordos e barganhas com as forças dominantes no Congresso se quiser governar. Uma série de fatores estruturais convergentes — como fragmentação partidária, massiva sobrerrepresentação de interesses econômicos com agenda conservadora via financiamento privado de campanha e a pouca representatividade e responsabilidade em relação ao eleitor que o sistema de lista partidária confere — faz do Legislativo um bastião dos interesses mais conservadores da sociedade brasileira.

Em um governo como o de FHC, tão ou mais conservador que o Legislativo, especialmente em questões econômicas e distributivas, o embate de interesses foi menor e, por conta disso, o sistema foi celebrado como causa de estabilidade política. Exceto em um caso: a muito discutida e por todos conhecida — ainda que jamais investigada — compra de votos para a reeleição de FHC. Na época, falava-se abertamente do então procurador-geral da República, Geraldo Brindeiro, que recebera a alcunha de "engavetador-geral da República", já que o destino dos processos que pudessem ser incômodos para o Palácio do Planalto era, ao contrário do que ocorreria mais tarde com o PT, invariavelmente a gaveta.

O governo do PT, apesar de propenso a acordos e compromissos, representou um desafio ao funcionamento do sistema. Como podia o Executivo assumir de modo proativo um governo empenhado em reformas com um Congresso majoritariamente conservador e, às vezes, reacionário? O Mensalão foi a resposta a isso. Em vez de retalhar e dividir o aparelho de Estado, e assim reduzir o impacto de reformas consideradas urgentes, decidiu-se simplesmente comprar o apoio de políticos ligados sobretudo a pequenos partidos fisiológicos que quase sempre funcionam como fachada de balcão de negócios. O cálculo "pragmático", com alguma dose de cinismo, deve ter levado em conta mais ou menos o seguinte argumento: por que entregar a Petrobras, Furnas e outras companhias estatais que fariam o deleite do político típico dos partidos que existem tão somente para "assaltar o Estado", sem qualquer projeto para a sociedade, se seria muito mais barato e menos comprometedor para a eficiência estatal simplesmente pagar pelo apoio de políticos venais em dinheiro vivo?

Todos nós sabemos como esse filme terminou. Depois dele, a relação do PT com o Congresso majoritariamente comprado por dinheiro e dedicado a fazer mais dinheiro — para a elite econômica que o compra e para si mesmo — tinha que se dar de modo mais convencional: entregando as empresas e os cargos públicos para o saque de praxe. A Petrobras e suas diretorias de investimento bilionário, em época de pré-sal e reservas fabulosas, foram a cereja do bolo. Sabe-se que o esquema ilegal na Petrobras existia desde muito tempo. O próprio FHC o cita em seu livro de memórias e assume ter sido alertado por Benjamin Steinbruch, embora nada tenha feito. Paulo Francis também já havia denunciado o esquema em 1996, mas, sem as provas que só surgiram agora, foi processado e condenado. Também nesse caso, ainda que os partidos de sustentação do governo tenham sido os principais envolvidos, foi a corrupção petista que provocou alarde e comoção social.

As primeiras revelações do escândalo já foram divulgadas no contexto da luta eleitoral de 2014 entre Dilma Rousseff e Aécio Neves. A derrota conservadora ocorreu muito mais pelo fato de que um discurso moralizador saído da boca do candidato Aécio Neves era tão pouco crível que, mesmo após as primeiras referências à Operação Lava Jato, tornadas espetáculo e reivindicadas pela nossa imprensa marrom do pior modo possível, não foram o suficiente para impedir sua derrota. Para quem imaginava, no entanto, que o segundo turno colocaria um ponto final na disputa, o *day after* das eleições provaria o contrário.

Já a partir de novembro de 2014, uma série de prisões espetaculares e os assim chamados "vazamentos seletivos", cuidadosamente orquestrados entre os participantes do complexo jurídico-policial do Estado e a mídia conservadora, criaram uma atmosfera de linchamento político. O ex-presidente Fernando Henrique Cardoso, que havia confessado saber dos esquemas sem nada fazer, agora forja surpresa e diz no dia 14 de novembro que tinha "vergonha, como brasileiro, de dizer o que está acontecendo na Petrobras". O clima para a deslegitimação final do governo estava pronto. Dia após dia, as televisões e os jornais bombardearam o público com trechos de depoimentos selecionados — os quais deveriam estar sob segredo de Justiça — para provocar impacto.

É fácil mostrar a falsidade de toda a trama urdida por infinitos vínculos pessoais e impessoais entre esses dois atores que posam de não políticos apenas para exercer melhor seu papel político. Na base de toda a farsa estava a ideia de que os paladinos da justiça e os jornalistas da imprensa brasileira, com a TV Globo à frente, tinham entrado, afinal, em uma luta histórica de vida ou morte pelo combate à corrupção no Brasil. Essa foi a grande fraude que atingiu em cheio a esfera pública brasileira completamente desprotegida contra esse ataque conjunto e muito bem articulado.

A fraude ficou clara quando se "fulanizou" a corrupção, empregada como arma seletiva para se atingir o inimigo político. Quando se personaliza a corrupção, o efeito de controlá-la ou de mitigá-la é reduzido ao mínimo. A personalização da corrupção serve apenas à sua continuidade, já que o arranjo institucional que a torna possível não é tocado.

Como o público em geral tem dificuldade de compreender o funcionamento da sociedade e de suas diversas esferas de alta complexidade, como a economia ou a política, a personalização da corrupção não nos ajuda em um centímetro a compreender essa complexidade, que desafia inclusive os especialistas. Ao contrário, isso confere a falsa impressão de que a vida social é regida por intencionalidades individuais, como nas novelas. Divide-se a vida em bandidos e mocinhos, e com isso se infantiliza e imbeciliza uma sociedade.

Uma imprensa que se presta conscientemente a esse papel não esclarece seu público. Ao contrário, manipula, na direção que mais lhe convém, as emoções desse público, que não as compreende. Uma efetiva vontade de superar a corrupção entre nós teria exigido um debate acerca de quais arranjos institucionais são necessários para isso. Os heróis são muito poucos. Na maior parte das vezes, inclusive, como a história nos ensina, os supostos heróis são os verdadeiros canalhas. Como todos somos humanamente falíveis, o único remédio para mitigar a corrupção são inovações institucionais que possam zelar por efetiva transparência.

A corrupção é sempre um dado estrutural, tanto da ação de mercado quanto da ação do Estado, em qualquer lugar. As sociedades que lograram mitigar e controlar minimamente a corrupção conseguiram avançar através das mudanças institucionais, como o financiamento público das eleições e uma imprensa com alguma independência. Não foi, no entanto, esse debate que vimos. E não houve defesa do financiamento público em toda a farsa montada para o público, mas apenas a "fulanização" seletiva ligada à criminalização do PT e de seu governo. Também não houve qualquer discussão acerca de maior transparência na relação entre economia e política, questão central da corrupção nas sociedades modernas. Existiu apenas uma ação centrada no núcleo empresarial, as grandes empreiteiras, que haviam crescido com o PT no poder — e isso porque as contribuições foram feitas para todos os partidos de modo fraternal. Mas se não foi para combater a corrupção, qual foi o mote?

Como em toda a história republicana brasileira, o mote da corrupção é sempre usado como arma letal para o inimigo de classe da elite e seus aliados. Isso sempre ocorre quando existem políticas que envolvam inclusão dos setores marginalizados — que implicam menor participação no orçamento dos endinheirados e aumento do salário relativo dos trabalhadores, o que também não lhes interessa — ou condução, pelo Estado, de políticas de desenvolvimento de longo prazo. A ideia é que a riqueza do país já tem dono, ou seja, é privada, e tudo que for rentável deve ser privatizado. São esses os dois crimes que estão sempre verdadeiramente por trás de toda manipulação da corrupção brasileira.

Ao se fulanizar a corrupção, nunca se atinge o objetivo de seu real combate, mas apenas consegue-se derrotar o inimigo de classe. Como o combate à desigualdade é um valor universal, que não se pode atacar em público sem causar forte reação, tem-se que combater essa bandeira inatacável com outra bandeira inatacável. No Brasil, o suposto combate à corrupção sempre foi essa muleta usada de modo manipulador e falso. Como no caso do golpe de abril de 2016, desde que se elimine o inimigo político, tudo voltará a ser como antes, sem qualquer debate real e sem mudança alguma estrutural. Não interessa sequer aos devotados moralistas de ocasião qualquer mudança efetiva. Como poderiam, afinal, eliminar os inimigos que virão no futuro? Quer seja mecanismo consciente e cínico, quer seja pura ingenuidade de alguns manipulados, o resultado é o mesmo: a fulanização da corrupção só serve para a sua continuidade.

Como vimos anteriormente, o discurso da corrupção apenas da política, e apenas quando ocupada por adversários, é o substituto perfeito do racismo racial aberto da República Velha, o qual, por força da interdição do racismo explícito a partir de Vargas, passa a exigir um novo mote para a aliança antipopular das classes do privilégio. O "racismo racial" é substituído pelo "racismo cultural" — o mesmo mote utilizado pelos países ricos para legitimar o assalto aos países do Sul global, precisamente pela pecha de serem corruptos e não mais porque são negros ou mestiços, como se dizia no século XIX. A elite brasileira e seus intelectuais possibilitam que o mesmo racismo dos supostamente decentes contra os construídos como corruptos seja utilizado também internamente contra pobres e negros, para a manutenção dos privilégios das classes brancas e europeizadas no contexto da sociedade brasileira. A diferença em relação ao racismo racial anterior é que se passa agora a justificar as mesmas classes privilegiadas e brancas pela "moralidade", não mais pela cor. Na realidade, o falso moralismo permite travestir o canalha racista da classe média branca e da elite em defensor da moralidade pública.

A "linha da moralidade", que passa a ser construção exclusiva da imprensa da elite, vai separar o bom voto do voto ruim, comprometendo e criminalizando a soberania popular para o povo mestiço, pobre e negro. A partir da construção da "linha da moralidade", todos os seus representantes serão atingidos por golpes de Estado baseados na mera "escandalização da corrupção" feita pela própria mídia elitista. É para manter a desigualdade e a exclusão social que foi inventada a classe média branca "decente". Apenas ela pode votar e ter a certeza de que não haverá um golpe depois.

O falso combate à corrupção surge, assim, no Brasil como testa de ferro universal de todos os interesses inconfessáveis que não podem se assumir enquanto tais. Por que o falso combate à corrupção assume esse papel? São duas as razões básicas: primeiramente, a corrupção pode ser vendida como de interesse de todos, servindo como uma luva para todo tipo de mascaramento de interesses particulares em interesse geral; em segundo lugar, ninguém diz de fato o que é corrupção, tornando-a, precisamente por seu caráter impreciso e maleável, o mote ideal de todo tipo de distorção sistemática da realidade.

Até bem pouco tempo atrás, apenas o funcionário público podia ser corrupto, segundo a letra da lei. Os donos do mercado, como dissemos anteriormente, compraram a elite intelectual para a confecção e propagação dessa verdadeira fraude com o prestígio de ciência, depois bombardeada 24 horas por dia em toda a imprensa. É assim que se imbeciliza um povo que nasceu, como qualquer outro, inteligente. A definição de "corrupção" prova-se, portanto, arbitrária e variável, mudando conforme o interesse de quem manda na sociedade. Ao conseguir incutir na sociedade que corrupção é apenas aquilo que o funcionário do Estado faz, os donos do mercado podem cometer abusos legais e ilegais de todo tipo sem que a legalidade, muito menos a legitimidade, de seus atos seja posta em xeque. Esse é o real poder por trás da infantilização proposital da sociedade pelo engodo da manipulação do mote da corrupção.

Como vimos anteriormente, não deveria ser considerado corrupção impor uma taxa arbitrária — no caso, a maior do mundo, acoplada a todos os preços que pagamos no mercado, que drena o produto do trabalho de todos para o bolso de uma meia dúzia de privilegiados? É isso que, basicamente, a taxa de juro faz. Não é percebida assim porque os financistas têm um exército de jornalistas e articulistas que defendem que a taxa de juro alta serve não para encher o bolso de meia dúzia de privilegiados, mas para proteger todos nós da inflação. Como isso é dito em todos os jornais e em todas as televisões, os não especialistas, sem armas para se defender, acabam acreditando.

O controle da mídia pelos endinheirados é, portanto, fundamental para distorcer e sacralizar todos os seus interesses, que, longe de ser percebidos como criminosos, são sacralizados como contribuição à sociedade em geral. Essa é uma "corrupção legal", ou seja, engana-se a população por meio de um discurso supostamente técnico e autorizado pela ciência, permitindo uma corrupção — dado que construída pelo engano e pela fraude — que se torna não só legalizada, mas também "legitimada". Outro exemplo: a evasão gigantesca de impostos por meio de paraísos fiscais no exterior é muitíssimo maior que toda a corrupção estatal combinada. Mas esse tema não se torna nunca um mote a ser perseguido pela imprensa, ela própria tendo seus patrões como os primeiros beneficiários desses expedientes, como vimos recentemente no vazamento dos Panama Papers, escândalo que, inclusive, envolveu o ministro da Economia, Paulo Guedes. Essa, por sua vez, é uma corrupção ilegal, mas não é percebida como tal, já que quem a comete são os patrões da mídia e seus aliados da elite do dinheiro, não seus eventuais inimigos no Estado.

Uma imprensa parcial e comprada é, portanto, decisiva para a qualidade da democracia em uma sociedade moderna. Ela tem o poder de distorcer sistematicamente a percepção dos problemas sociais, como nos exemplos anteriores, e de, em circunstâncias favoráveis, pautar *o que* deve ser discutido e *como* deve ser discutido. Em certos contextos, como vimos com o *Jornal Nacional* nas Jornadas de Junho, é possível, inclusive, "criar" fatos e versões. O poder da imprensa na sociedade midiática moderna não é ilimitado, mas é decisivo. Como a informação é absorvida sempre de cima para baixo, a inexistência de pluralidade de perspectiva e de opinião é fatal para a democracia. Afinal, democracia não significa apenas a possibilidade de votar, mas de votar com independência e autonomia.

Nas últimas décadas, a imprensa vem passando por um processo de mudança estrutural importante. Como no restante das grandes corporações sob o comando do capital financeiro, a relação se verticaliza de modo absoluto. Isso permite maior controle do conteúdo de cima para baixo. Deixam de existir os debates nas redações, e quem gosta de discutir (segundo me relatou um informante privilegiado dessa mudança) passa a ser discriminado como chato e problemático. Paralelamente, ocorre um expurgo dos nomes mais críticos e independentes, especialmente a partir da década de 1990. Muda o perfil dos repórteres e redatores, que passam a ser bem mais jovens e dóceis ao comando de cima para baixo. Produz-se uma homogeneidade de pensamento em conformidade com o processo de obrigatória obediência vertical. Instaura-se, inclusive, uma competição pela obediência e pela antecipação dos desejos dos chefes lá em cima.

A reação dos governos petistas a esse estado de coisas com apoios seletivos a jornalistas e pequenos blogs se revelou amplamente insuficiente. Uma TV pública de boa qualidade, como se tem em países europeus, e o aumento da competição empresarial nessa área teriam sido fundamentais. O decisivo é o acesso efetivo à informação plural e alternativa. É isso que o Brasil não tem. Faltou à esquerda uma reflexão madura sobre o papel central da mídia na construção seletiva e distorcida do debate público.

De certo modo, ocorre no jornalismo processo semelhante ao já ocorrido nas fábricas, com a dispensa dos trabalhadores com passado sindical em favor dos jovens sem passado político, além da entronização da ideologia que substitui a noção de trabalhador pela do parceiro e colaborador do dono do empreendimento. O patrão pode, a partir daí, economizar e eliminar os supervisores, antes um gasto fundamental de capital que se torna desnecessário, já que o trabalhador agora vigia a si próprio e os outros, para o bem do comando. O capital financeiro cria a corporação que lhe convém não apenas na produção de mercadorias materiais, mas, agora, também na produção de mercadorias imateriais e simbólicas.

No contexto da democracia moderna, a informação tem que ser plural e o indivíduo deve avaliar opiniões alternativas para formar um julgamento próprio e autônomo. Sem isso, não existe voto consciente. A ditadura do pensamento único na grande mídia brasileira compromete, portanto, a qualidade de nossa democracia e a qualidade da sociedade que construímos. Constrói-se um pensamento homogêneo na imprensa dominante que apenas repete mantras no interesse dos endinheirados. O mote desse grupo de pseudojornalistas é a criminalização da esquerda e a perseguição seletiva de seus líderes. Isso não é informação decente em lugar algum do mundo. É veneno midiático.

DESIGUALDADE *VERSUS* MORALIDADE OU LULA *VERSUS* SERGIO MORO: ENFIM A DIREITA GANHA UM DISCURSO E UM LÍDER PARA CHAMAR DE SEU

A união dessa caricatura de imprensa servil ao dinheiro com os interesses corporativos da casta jurídica no comando da Operação Lava Jato foi o fio condutor do golpe de Estado de 2016 e a fonte real e primeira de todos os horrores do bolsonarismo, seu produto de longo prazo mais fiel. Vale a pena seguir os passos desse namoro. Para isso, é necessário conhecer melhor o noivo desse casamento: o aparelho jurídico-policial do Estado.

Antes de tudo, para evitar simplismos, é fundamental perceber que qualquer campo de atividade social é marcado por divisões e conflitos. No nosso caso, não existe um único e indivisível "campo das instituições jurídico-policiais", mas, sim, vários. Existem neles pessoas com capacidade reflexiva, com compreensão ampla e de longo prazo de seu próprio papel. Todo campo de atividade humana apresenta oposições estruturais e conflitos comuns.

A principal oposição é sempre a que existe entre aqueles (sempre a minoria) que incorporam na vida e no trabalho os valores impessoais de seu campo de atividade e aqueles (sempre maioria) que incorporam na atividade exercida uma perspectiva corporativa, que promete ganhos pessoais de curto prazo, pela mera acomodação ao jogo existente. Quando essa acomodação pode ser travestida de suposta defesa de valores impessoais, a perspectiva corporativa ganha uma legitimidade inaudita. Foi precisamente o que aconteceu com as corporações jurídico-policiais do Estado brasileiro na sua decisiva participação no golpe de Estado em 2016.

É preciso saber que o direito só se desvinculou historicamente da política nos últimos séculos do desenvolvimento ocidental. Antes, era subordinado à política. O considerado justo era fruto de um julgamento político que impunha a vontade do mais forte. Esse era o "direito material" para Max Weber — ou seja, o fundamento do que era percebido como direito estava fora dele e representava sempre a vontade do mais forte, do mais rico e do mais poderoso. O caminho para a autonomia da esfera jurídica se dá com a noção de "direito formal", ou seja, segundo a qual o conjunto de princípios, procedimentos e regras processuais tem a função de preservar a autonomia do que é jurídico por oposição precisamente ao que é político.

Em sistemas como o nosso, em que a entrada no sistema jurídico se dá por concurso público ou por delegação da autoridade política, não pelo voto, a intenção é clara. O agente jurídico age por delegação da soberania popular, advinda do voto democrático, precisamente para que possa manter sua independência em relação à opinião pública — que pode variar, pois o que é popular hoje pode não ser amanhã. Além disso, como vimos, a opinião pública é facilmente influenciável e manipulável. Em certos casos, a opinião pública é simplesmente aquilo que se publica nos jornais e nas redes sociais.

As regras e os procedimentos jurídicos não são, como pensa o leigo, entraves à justiça rápida. Eles são entraves à injustiça. A noção central da concepção de justiça ocidental é a universalidade de tratamento. O direito serve para garantir a universalidade de tratamento a todos, de modo a prevenir a injustiça. Se existe universalidade de tratamento, temos a garantia de que nossos direitos individuais não serão lesados por conjunturas politicamente adversas. É para isso que o direito serve. Por conta disso é que os procedimentos são tão importantes. O respeito a eles é a garantia de que todos possam ser tratados do mesmo modo.

O fato de que os juízes em países como a Alemanha, a Inglaterra, a França e os Estados Unidos sejam figuras discretas e sóbrias, que inclusive evitam a publicidade e a polêmica pública, não se dá por acaso. É que agindo desse modo se cumpre melhor sua função. O juiz fala nos autos, não na imprensa e nos jornais. Sem isso, não há distanciamento das disputas políticas, que é fundamental para sua ação. Nos tempos recentes, não tivemos apenas a judicialização da política, mas, muito pior, a politização da justiça. A linha é fluida, mas o princípio é claro: sempre que houver predominância da política sobre o direito, este perde a autonomia. Temos então um simulacro de direito e uma caricatura de justiça. Foi precisamente isso que tivemos na Operação Lava Jato.

O juiz Sergio Moro, que conduziu a operação nos bastidores, foi alçado, pela manipulação midiática, a figura política maior da direita. Devemos a ele, inclusive, o fato de a direita brasileira ter saído do armário e também conseguido construir um discurso tão poderoso quanto o combate à desigualdade, que havia se tornado a bandeira invencível da esquerda. Isso não é pouco. O país estava dividido em duas facções desde a primeira eleição de Lula à Presidência. Essa divisão só fazia aumentar em tensão e engajamento e refletia clara luta de classes, em que a classe média e os ricos, em um país tão desigual como o nosso, estavam destinados a perder em todas as eleições.

A perda da eleição de 2014, oportunidade na qual a classe média engajada — que havia votado em massa em Aécio Neves — imaginava ganhar, conferiu a esse estrato uma sensação de desespero. O desespero de que eleitoralmente não havia saída. Foi uma sensação compartilhada com a elite do dinheiro e seus aliados de sempre na imprensa e na mídia. Afinal, em uma sociedade em que a grande maioria das pessoas não possui privilégios de qualquer espécie, uma esquerda minimamente articulada só perde eleição se for muito incompetente. É aí que entra a figura política do ex-juiz Sergio Moro. Ele representou a incorporação do discurso que faltava para os manifestantes de Junho incensados pela mídia. As bandeiras abstratas anticorrupção das Jornadas de Junho tornaram-se concretas com a Operação Lava Jato. A articulação do partido da elite estava completa: o partido da rapina econômica tinha não apenas seus braços de sempre na mídia e no Congresso, mas possuía também uma base social engajada e motivada, além de um discurso potente e concreto.

Trata-se de um discurso construído há décadas para manipular o tema da corrupção. Por meio disso, torna-se tanto a corrupção legal quanto a ilegal invisíveis no mercado comandado pela elite do dinheiro, de modo a usar o Estado e quem o ocupa como bode expiatório conveniente sempre que necessário. Agora, esse discurso é mais necessário do que nunca. A construção da violência simbólica necessária para a retirada do inimigo de classe do comando do Estado foi refinada. Como toda narrativa midiática, o discurso da moralidade na política tem de ter também apelo afetivo, como acontece nas telenovelas, com seus galãs e heróis. A juventude do homem de olhar sempre focado no horizonte distante, de rosto quadrado e queixo erguido, cabelo bem-cortado, de terno e camisa escuros e poucos sorrisos montam a estética perfeita para o portador do discurso "doa a quem doer" e do "estamos refundando o Brasil". Sergio Moro foi a figura perfeita para a estratégia do golpe funcionar, seja para a classe média nas ruas, que o via como um dos seus, seja para os membros do aparelho jurídico-policial, que o percebiam como a encarnação perfeita do partido corporativo que se traveste de partido do bem comum.

Existe uma correspondência perfeita entre a classe média e a classe média alta que saiu às ruas com o perfil do novo tipo de operador jurídico que se instala no Estado. Com os mais altos salários do setor público e privilégios de todo tipo — que se juntam aos rendimentos de modo permanente —, com os quais os cidadãos mortais nem sequer sonham, esses operadores se percebem empresários de si mesmos e sonham com níveis de vida dos grandes advogados das bancas privadas. Eles buscam combinar a segurança e a estabilidade do servidor público, cuja contraparte são salários moderados, com os altos rendimentos, os bônus e as vantagens do setor privado, sem o risco e a insegurança que permeiam o mercado. É o melhor dos dois mundos. A atração que esse tipo de privilégio de casta exerce é tão grande que o curso de direito se torna um dos mais concorridos, logo após a tradicionalíssima medicina. Como diz o ex-procurador da República e ex-ministro da

Justiça Eugênio Aragão, que conhece o tema como poucos, a pior coisa nesse cenário é a total ausência de controle ou de *accountability*. Esses órgãos não são controlados por ninguém, e o controle é sempre interno, visando a interesses corporativos, o que, para a proteção de interesses nacionais, revela-se uma completa desgraça.

Como todo partido corporativo, a casta jurídica, filha das classes do privilégio que podem comprar o tempo livre dos filhos para passar em concursos técnicos difíceis, tem de construir um *éthos* próprio. Essa ética corporativa envolve uma narrativa acerca de sua própria perfeição e uma legitimação do motivo pelo qual essa casta é melhor do que o restante dos mortais. Sem isso não se legitima a busca colegiada por sempre mais privilégios. Estes têm que parecer justos, inclusive para quem os desfruta; do contrário, não se pode protegê-los com convicção e alma. São dois os elementos centrais da ética corporativa da casta jurídica.

O primeiro é a legitimação pelo "concurso". Funciona mais ou menos assim: se eu passei nesse concurso tão difícil e tive de estudar quatro anos para me preparar, então mereço todos os privilégios e benesses, já que custou esforço meu e de minha família. Isso é muito semelhante à legitimação dos mandarins da China patrimonialista. Os mandarins eram uma casta privilegiada de funcionários do Estado que cobravam impostos dos camponeses, ficando com boa parte no próprio bolso. A entrada na carreira já se dava também por concurso, que exigia anos de dedicação e, às vezes, todas as economias da família. Em contrapartida, depois de efetivados, os mandarins passavam a "cobrar" da sociedade pelo esforço feito. O esbulho era legitimado por uma ética corporativa muito semelhante à da nossa casta jurídica de hoje: a garantia da ordem social por um estamento de notáveis supostamente superior de maneira intrínseca. As correspondências não param por aí. Para aumentar o saque e chantagear melhor o imperador, as rebeliões que associavam mandarins e frações da corte contra o próprio governante (precisamente o que tivemos no caso atual do Brasil) não eram raridade.

Além da legitimação pelo concurso, a casta jurídica tem de se justificar — o segundo ponto para a sua legitimação —, dizendo que faz algo de importante para todos. Afinal, ela precisa dizer que faz alguma coisa para os outros também, não apenas para si mesma. É aqui que entra o discurso de "vanguarda moral" do povo brasileiro. A Lava Jato criou um verdadeiro campeonato entre as diversas corporações jurídicas para ver quem ganha o troféu de guardião da moralidade pública. O contexto criado de caça às bruxas é perfeito tanto para legitimar os privilégios mais descabidos quanto para campanhas paranoicas de redução sistemática das garantias constitucionais e democráticas e também para relativizar todas as garantias legais em nome da "limpeza moral" do país.

O Estado policial é o melhor terreno não apenas para legitimar privilégios corporativos, mas também para permitir a apropriação e captura da agenda estatal, com vistas a um aprofundamento cada vez maior do Estado de exceção. Afinal, quanto menos garantias aos direitos individuais e quanto maior o ataque à presunção de inocência, maior o poder relativo dessas corporações.

A regulação de um mercado espoliador e cartelizado, como o nosso, passa pela cabeça de poucos da casta jurídica. O Brasil teria muito a ganhar com o controle dos oligopólios e das práticas cartelizadas que caracterizam o mercado. Isso sem falar na evasão fiscal dos endinheirados. Mas o que dá manchete nos jornais e o direito aos quinze minutos de ribalta e luzes são os negócios do Estado criminalizado, especialmente quando ocupado pelo inimigo de classe. É a mesmíssima oposição entre o Estado criminoso e o mercado virtuoso criado pela nossa pseudociência servil, que depois foi naturalizada pela mídia. O mercado, palco do saque de uma população desprotegida, fica intocado pela sanha justiceira. O Estado, contra os inimigos de sempre, passa a ser o fio condutor único que liga de modo impessoal e invisível — e por isso mesmo de modo mais eficaz — todas as corporações da casta jurídica.

Nem todos os juízes e operadores jurídicos pensam e agem conforme o sentimento de casta que acabamos de resumir, mas ficaram, na conjuntura de uma reação conservadora, na defensiva. A articulação entre a mídia — como o braço dos endinheirados que cuida da violência simbólica —, comandando e estimulando as manifestações de rua da fração mais conservadora da classe média, e a facção mais conservadora e corporativa da casta jurídica formou a linha de frente do golpe reacionário. A essa coligação se juntou o fato de que os endinheirados partiram para o confronto nas eleições de 2014. Eles compraram, com o então deputado Eduardo Cunha à frente, via financiamento de eleições, o Congresso mais reacionário e mais comprometido com o desmonte do incipiente Estado de bem-estar social das últimas décadas. Isso joga o então PMDB, um partido de "centro" por conveniência desde 1988, no comando da direita do espectro político daquele momento-chave.

Toda essa orquestra foi articulada, no fundo, por um forte sentimento de vingança pela perda das eleições de 2014. Um esquadrão de tucanos que formavam a equipe de delegados da Lava Jato, e que havia participado ativamente — e nem sempre de modo adequado — da guerra eleitoral de 2014, se uniu a correligionários, os quais, por sua vez unidos à mídia conservadora, construíram passo a passo a atmosfera favorável para o golpe. A construção da grande fraude envolveu contravenções o tempo todo. Vazamentos ilegais e seletivos de depoimentos e de delações premiadas expostos na televisão constantemente criaram o clima midiático para o verdadeiro linchamento televisivo. Como em todo linchamento, séculos de desenvolvimento jurídico e aprendizado moral foram para o esgoto. A manipulação envolvia deturpação de informações, seletividade de conteúdo, simplificação de questões complexas, estímulo aberto a prejulgamentos, além da eliminação do contraditório e do direito de defesa. A presunção de inocência, marco fundamental da ordem jurídica democrática, foi para o brejo. O bombardeio era diário. A ordem era não deixar pedra sobre pedra.

De dezembro de 2014 até abril de 2016, a população viveu um bombardeio sem trégua. O aparelho jurídico-policial, com claras cores partidárias, como vimos, fornecia material ilegal em massa aos órgãos de imprensa, com a TV Globo à frente, que articulava, selecionava, manipulava e incendiava seu público com os jogos de dramatização e demonização do inimigo aprendido nas telenovelas. Os protestos de rua pipocavam em todo o país, com epicentro na capital paulista. Protestos maciços em março, abril e agosto de 2015 se realizaram em mais de duzentas cidades do país. A combinação de vazamentos seletivos ilegais e a dramatização midiática com os protestos de rua se revelaram esmagadoras.

O governo ficou acuado e aderiu, em desespero, às bandeiras do inimigo. No campo econômico, adotou um ajuste fiscal suicida que implicou afastamento progressivo de sua base de apoio popular. Os interesses que haviam sido desafiados em 2012 passaram a mandar e desmandar no próprio Palácio do Planalto. Mas nada disso aplacava a sanha revanchista. No campo político, o governo, e muito especialmente Dilma Rousseff, davam total apoio às investigações, que se revelariam mais tarde seletivas e partidárias aos olhos de todos. Falava-se, inclusive, nos círculos mais íntimos do poder, que a presidenta percebia que seu legado presidencial mais importante era precisamente o combate à corrupção, daí o apoio explícito ao livre curso das investigações da Lava Jato. Havia a crença, que hoje revela toda a sua ingenuidade, no caráter imparcial de uma investigação levada a cabo por inimigos partidários.

Esses dois erros conjugados se revelaram fatais. Na guinada à direita da política econômica, Dilma perdeu sua base de apoio popular, que se sentiu traída. Ao não perceber a armadilha da politização da Lava Jato, ela conferiu legitimidade a uma operação que hoje todos percebem como parcial e tendo como fim principal a criminalização da esquerda e de seu principal líder. Até o episódio decisivo da "prisão" de Lula, muitas pessoas na esquerda acreditavam nos propósitos republicanos da Lava Jato. Isso tem a ver com a colonização da esquerda pelo discurso conservador que demoniza o Estado na noção de patrimonialismo. Como esse discurso capenga e superficial também a contaminou, a esquerda ficou indefesa e sem contradiscurso no momento mais necessário.

Ao mesmo tempo, a mídia construía sua apoteose. Uma fração da classe média branca, bem-vestida e com alto nível de renda invadia as ruas. Era a mesma fração que sempre havia votado na direita e perdera nas últimas quatro eleições presidenciais. Por meio do discurso da mídia manipuladora, essa fração era transformada em "povo" nas ruas. Muitos acreditaram, inclusive o governo inarticulado e sem defesa. A partir de março de 2015, ocorreu uma idealização completa das manifestações, celebradas como rebelião pacífica, democrática e popular. Famílias com a camisa da seleção brasileira e bandeira em punho expulsaram as bandeiras de partidos políticos. A televisão explicava que as manifestações contra o governo eram espontâneas e apartidárias, enquanto as manifestações a favor do governo eram organizadas por militantes. A mentira da "espontaneidade" se juntou à desqualificação dos partidos que possuem efetiva penetração popular.

A divisão de trabalho entre o linchamento televisivo e os vazamentos seletivos produziu dois efeitos conjugados que se retroalimentaram. O cerceamento da defesa das acusações sem provas se dava tanto na dimensão das ruas — com os panelaços e as vaias sempre presentes quando a presidenta fazia pronunciamentos públicos procurando se defender — quanto na esfera processual. O ex-juiz Sergio Moro passou a transformar prisões temporárias de cinco dias prorrogáveis por mais cinco em prisões preventivas, que se alongavam por meses a fio. Os recursos levados às instâncias superiores eram invariavelmente recusados.

O *habeas corpus*, fundamento histórico mais importante da ordem legal democrática, foi, na prática, suspenso para o inimigo político. Abriu-se caminho para a manipulação judicial da tortura psíquica, que a privação de liberdade implica. Sem falar em outras ameaças, como o arrolamento da esposa e dos filhos de Lula em processos que se acumulavam nas mãos dos procuradores. O objetivo da força-tarefa da Lava Jato era pressionar Lula por todas as frentes possíveis. O clima popular e televisivo apoiou todo tipo de excesso em nome da suposta limpeza moral do país. Não se falava da seletividade da perseguição, já que, para quem estava nas ruas, existia a certeza de quem eram os culpados.

Àquela altura, o engodo e a fraude atingiam o clímax. Em 2015, Sergio Moro, homem do ano da revista *IstoÉ* e personalidade do ano do jornal *O Globo*, foi blindado pela mídia e se tornou, na prática, a única figura da direita desde a ascensão de Lula, em 2002, a rivalizar em prestígio com o presidente mais bem avaliado da história do país. Contra o "campeão do combate à desigualdade", criava-se o "campeão da luta pela moralidade". Pela primeira vez em décadas, a direita ganhava voz e passava a se expressar sem pejo. Em 2015, inclusive, a crise econômica e a agenda regressiva do governo fizeram com que setores das classes populares se identificassem com a bandeira dos moralistas de ocasião.

A direita do espectro político contava não só com a elite e sua tropa de choque na classe média, mas também com setores das classes populares, ainda que o núcleo do movimento continuasse nas mãos dos setores mais conservadores das classes médias. O programa *Fantástico*, de 13 de março de 2016, por exemplo, fez questão de procurar e mostrar a presença nas manifestações de pessoas de cor mais escura e de origem popular, ainda uma pequena minoria, para provar que o protesto abrangia todas as classes.

O ataque da Lava Jato a Lula, começando por sua condução coercitiva em março de 2016, tanto desnecessária quanto ilegal, mostrou o viés partidário da operação e sua real intenção de criminalizar o PT e, muito especialmente, seu líder maior. De fato, na política, as pessoas representam interesses de grupos e classes sociais. Atacar Lula implicava, antes de tudo, deslegitimar os setores sociais que ele representa e as políticas em seu favor, que agora começavam a ser desconstruídas. No governo e na esquerda, nem os mais ingênuos tinham mais dúvidas de que o combate à corrupção era mero pretexto. A incrível seletividade do processo agora ficava visível. As manifestações passaram a ser encabeçadas pela classe média mais conservadora, e contraprotestos populares organizados por manifestantes, desqualificados pela mídia como "militantes partidários", como se os camisas amarelas não o fossem, passaram também a ganhar as ruas.

Na construção do golpe, o *timing* político passou a ser decisivo. O então juiz Sergio Moro deu, por sua vez, a cartada final. Em uma tentativa de reorganizar o governo e ampliar sua base de sustentação popular, Dilma nomeou Lula seu ministro da Casa Civil, com poderes de reconstruir o governo. Moro decidiu — em atitude de alto risco, que em qualquer país decente teria levado a consequências severas, como a perda do cargo e/ou prisão — efetuar o vazamento ilegal de uma conversa entre a presidenta e Lula. O diálogo entre os dois, breve e cifrado — e que, como saberíamos depois, foi criminosamente editado por Moro para parecer uma fuga da Justiça —, foi logo interpretado como tentativa de dar a Lula foro privilegiado, o que provocou um sem-número de liminares e, na prática, o embargo da nomeação de Lula para a Casa Civil. Moro apostou todas as fichas e ganhou. Ele deixou bastante evidente que a agenda de vazamentos da Operação Lava Jato tinha como objetivo impactar os movimentos do governo no calor da hora. Mesmo com o gesto escancarado, Moro foi meramente advertido e se desculpou por ter vazado comunicação de uma presidenta da República em pleno exercício do mandato, retirando-se de cena, assim, ileso e com o dever cumprido: foi o tiro de misericórdia em um governo que já estava nas cordas.

Com a inviabilização do golpe jurídico, que perdera a aura de imparcialidade, veio o golpe parlamentar. Acrescentamos à cena um Congresso regressivo, comprado por todo tipo de interesse econômico cartelizado, eleito em 2014 sob o comando de Eduardo Cunha, desafeto da esquerda e disposto a buscar revanche depois que o governo tentara impedir sua eleição para presidente da Câmara. Cunha já havia enfraquecido Dilma, por seu turno, com as assim chamadas pautas-bomba durante todo o ano de 2015, praticamente impedindo-a de governar. Em uma manobra torpe, após ter visto fracassar sua chantagem para forçar o PT a livrá-lo na comissão de ética da cassação iminente, Cunha encaminhou a proposta de impeachment em ritmo célere contra a presidenta, dando à farsa do impeachment um credo: Dilma seria deposta por ser responsável pelas "pedaladas fiscais" — uma manobra financeira que visava garantir, naquela oportunidade, o pagamento dos programas sociais. Na mão dos golpistas, as "pedaladas fiscais" significavam que o governo adquiriu crédito em banco público sem autorização do Congresso, o que configuraria crime de responsabilidade fiscal. A desculpa era tão esfarrapada que nunca houve, nem antes nem depois do impeachment, perda de mandato por qualquer outro político denunciado por promover "pedaladas fiscais".

Ao contrário da hipótese do golpe jurídico, no Congresso não havia paladino da justiça, mas, sim, políticos venais sem credibilidade pública alguma. Ainda assim, o processo se consumou. Em um espetáculo grotesco — principalmente na votação decisiva para o impeachment na Câmara dos Deputados —, denunciado por toda a imprensa internacional, tivemos um impedimento que ficou, ao fim e ao cabo, desprovido de qualquer legitimidade. Mais tarde, Dilma conseguiria extinguir, na Justiça Federal, uma ação que a responsabilizava e pedia reembolso aos cofres públicos pelas tais "pedaladas fiscais", assim como Lula conseguiria anular as sentenças de Sergio Moro — considerado parcial e suspeito para julgar o ex-presidente — no Supremo. Diante disso, percebemos o caráter de ato de força e oportunismo do golpe de 2016, que é duplo: rapinar a riqueza nacional, oprimindo os trabalhadores do campo e da cidade, e trazer de volta a "corrupção da elite", contra a qual a classe média branca nunca protestou nem percebe como corrupção, mas como uma espécie de "direito de classe".

A HERANÇA DE 2016

Contudo, a maior herança do golpe não foi o governo Michel Temer. A Operação Lava Jato ainda dominou a política brasileira até pelo menos 2018 e só foi perdendo força à medida que as mensagens trocadas entre seus membros, interceptadas pelo "hacker de Araraquara" — que incluíam conversas entre Sergio Moro, então juiz da 13ª Vara Federal de Curitiba, e Deltan Dallagnol, ex-coordenador da força-tarefa da Lava Jato —, mostraram toda a extensão do intuito criminoso e seletivo da condução política da Justiça que a Operação Lava Jato de fato representou.

A herança principal do golpe foi a abertura de caminho para a pior extrema direita que o pais já viu, o que resultou, após a efetivação da prisão de Lula, na virtual eleição de um verdadeiro "rato de esgoto" — um político asqueroso, perverso, racista, misógino, ligado à tortura, ao crime e às milícias cariocas — à Presidência da República.

Ainda que o governo Temer, que se seguiu ao golpe, tenha consumado os interesses econômicos e políticos em jogo na conspiração entre elite do saque, imprensa venal e casta jurídica, foi, antes de tudo, a "tropa de choque" da elite, jogada às ruas pela imprensa elitista — a classe média do falso moralismo —, a causa maior do sucesso do golpe de 2016. A situação econômica da classe média, no entanto, não melhorou nada desde então, o que comprova mais uma vez que não são os "interesses econômicos", enquanto tais, que guiam nosso comportamento prático. O poder de compra da população e da classe média minguou, ao passo que o agronegócio, os bancos e a elite financeira fizeram a festa. É claro que a manipulação da imprensa venal, em vender atraso como se fosse reforma, tem aqui papel decisivo. Mas não podemos esquecer a importância da distinção social reconquistada pela classe média em relação aos pobres e negros como uma efetiva reposição dessa distância perturbada pela inclusão popular petista.

Afinal, as posições sociais dentro de uma sociedade são relativas e conjunturais. A mera volta de pobres e negros à miséria e à marginalidade passa a ser vivida, pela classe média, como uma reconquista de seus velhos privilégios escravocratas, assegurada, precisamente, pela distância social em relação aos mais frágeis. Jair Bolsonaro, e nisso reside sua força, vai lograr cooptar o sentimento revanchista da classe média contra a inclusão popular petista, além de arregimentar setores populares novos: o branco pobre do Sul e do Sudeste, uma espécie de "lixo branco" brasileiro, e os setores evangélicos de qualquer cor e "raça". Iremos compreender que, também nesses dois últimos casos, é a manutenção da distância social relativa, especialmente em relação aos negros pobres, que possibilita sua arregimentação para um projeto de extrema direita radical como o bolsonarista.

A reconstrução desse quadro vai permitir compreender como funciona a estrutura social brasileira e de que modo as necessidades de "reconhecimento social" influenciam não apenas a classe média branca, mas também setores oprimidos, como evangélicos e brancos pobres, que estão por trás do apoio renitente ao discurso de extrema direita de Bolsonaro.

Esta foi a principal "herança do golpe" de 2016: a criação de uma frente desigual entre uma classe média conservadora e setores populares intermediários, situados socialmente entre os negros e marginalizados na base da sociedade brasileira e a classe média branca tradicional. Uma análise estritamente econômica dos interesses em jogo mostra aqui todos os seus limites. As análises correntes de Bolsonaro ou falham em explicar as causas de seu renitente prestígio, mesmo depois de uma gerência catastrófica da pandemia de covid-19, ou acabam no mero espanto em relação àquilo que deveriam explicar.

Para efetivamente explicar como alguém tão vil como Bolsonaro foi eleito e, hoje em dia, ainda tem prestígio significativo, é necessário compreender os ganhos emotivos e morais em jogo na luta por reconhecimento e distinção social relativa de todos os grupos sociais que compõem a sociedade brasileira. Foram, afinal, essas as necessidades arregimentadas e manipuladas por Bolsonaro.

Vamos, a seguir, reconstruir a história dessas lutas no Brasil. Em primeiro lugar, mostrando como a classe média foi construída, historicamente, de modo subordinado e dependente da elite econômica, de maneira a agir contra seus melhores interesses de classe apenas para servir melhor à elite que a manipula. E, em seguida, de que modo o "lixo branco" brasileiro, o filho ressentido do imigrante branco que não ascendeu em São Paulo e no Sul, e o evangélico de qualquer cor e raça puderam ser cooptados pelo bolsonarismo por meio da manipulação de sua própria carência e opressão.

A grande demanda de explicação para a compreensão da continuidade e do aprofundamento do golpe é entender como classes e grupos sociais que, sob o aspecto econômico e "racional", só perderam com o golpismo o apoiaram e, em grande parte, ainda continuam apoiando. Acontece que, nesse caso, a mera análise econômica do comportamento social é superficial e enganadora, pois tende a perceber as pessoas como robôs, calculadoras de suas chances de enriquecimento e poder relativo. Não é assim que as pessoas nem o mundo social funcionam.

Bastaria que nos perguntássemos acerca de "por que" as pessoas saem em busca desesperada por dinheiro e poder para percebermos que a própria busca por acumulação de riquezas é uma necessidade derivada da luta social por distinção e reconhecimento. Afinal, é a busca pela sensação de ser alguém "superior" e, portanto, mais admirado e percebido como mais virtuoso pelos outros e por si mesmo, o verdadeiro motor da busca insaciável por riqueza e poder. De outro modo, essa busca "irracional", sem qualquer relação com necessidades concretas no caso dos muito ricos, seria incompreensível.

Assim sendo, precisamos nos perguntar como se realiza a luta por "reconhecimento social", da qual a luta por bens materiais é apenas um dos elementos mais visíveis, em uma sociedade como a brasileira. Aqui, a tese que guiou este livro, na sua primeira versão de 2016 — segundo a qual a reação da classe média "indignada" não teve nada a ver com corrupção, mas, sim, com o descontentamento gerado pela diminuição da distância social em relação aos negros e pobres da inclusão petista —, é aprofundada para abranger todos os setores sociais. Veremos que a construção de uma "casta" de excluídos e marginalizados, quase todos negros, na base da pirâmide social brasileira, funciona como um mecanismo produtor de "reconhecimento social" e distinção social relativa para todos os segmentos acima dela. É isso, e apenas isso, que explica o bolsonarismo e o aprofundamento da herança do golpe. Vamos por etapas nesse desiderato. Primeiro analisaremos a classe média "indignada" e sua história. Isso é fundamental para o apoio de cerca de 70% da classe média à eleição de Bolsonaro. O apoio dessa classe a ele continua alto, especialmente no Sul e no Centro-Oeste, mesmo depois de todos os escândalos que assaltam seu governo praticamente todos os dias.

Como explicar a "irracionalidade" aparente da classe média branca, que apoiou e, em boa parte, ainda apoia alguém cuja política a reduziu e a seu poder de compra de modo tão significativo quanto Jair Bolsonaro? E, em seguida, examinaremos as razões para o comportamento "irracional" — ou seja, contra seus melhores interesses econômicos, sociais e políticos — dos brancos pobres e dos evangélicos pobres que ainda apoiam Bolsonaro.

CAPÍTULO 3

A HERANÇA DO GOLPE E O OVO DA SERPENTE DO BOLSONARISMO

Que a classe de latifundiários do agronegócio brasileiro, historicamente formada pelo assassinato de posseiros e do roubo de terras, apoie Jair Bolsonaro, é triste, mas compreensível. Afinal, não existem mais os limites legais à sua ação destruidora do meio ambiente e da perseguição aos indígenas e ao Movimento dos Trabalhadores Rurais Sem Terra (MST). Bolsonaro deixou alegremente a "boiada passar". Que a turma do capital financeiro parasitário, comandada por Paulo Guedes, esteja fazendo fortuna com o assalto às empresas públicas "privatizadas" para os amigos do peito, com uma política desenhada para o enriquecimento de meia dúzia à custa do assalto ao Estado e seu orçamento, também não é surpresa. Essa é a elite parasitária que empobrece um país que poderia ser muito rico e a causa real de todos os problemas da sociedade brasileira. Uma "elite do atraso", como denunciei no livro de mesmo nome.

Mas essa elite de ladrões da riqueza que deveria ser de todos ganha muito dinheiro com um tipo tão canalha como Bolsonaro na Presidência da República. Como compreender o apoio renitente de parte expressiva da classe média e de setores populares que apenas perdem, objetivamente, com Bolsonaro? Iremos, nesta última parte do livro, examinar separadamente a causa do apoio da classe média e, depois, entender o apoio de setores importantes das classes populares.

Vimos anteriormente que a classe média — exceto a alta classe média, que é uma espécie de "elite funcional" da elite econômica — vem perdendo também seus privilégios. Também a classe média passa a ser explorada pela elite, especialmente a elite financeira, que encarece o juro, o preço dos planos de saúde privados, a gasolina e a energia elétrica, a escola das crianças. Com Michel Temer e Bolsonaro, a classe média muito mais perdeu do que ganhou e seu endividamento aumentou. A ínfima elite, por meio do "saque legalizado" dos Guedes e dos Bolsonaros da vida, quer ficar com tudo. O saque financeiro atinge a todos. Crescentemente, a classe média branca, falso moralista, é explorada e, portanto, feita de "imbecil" pela elite que tanto ama e admira. O gozo cotidiano do racismo e do sentimento de superioridade em relação aos pobres e negros, que é o que o acordo falso moralista com a elite assegura à classe média, se contrapõe ao empobrecimento também de largos setores das camadas médias.

Como compreender um amor de classe tão apaixonado e tão mal correspondido? Como se dá a segmentação da classe média, nas suas principais frações e meios sociais, e como isso afeta seu comportamento prático na vida política e social? Esses são os temas deste primeiro subcapítulo. Vamos reconstruir, brevemente, a gênese da classe média brasileira e de seu caráter subordinado e dependente, tanto econômica quanto simbolicamente. Uma classe média que jamais foi revolucionária ou independente, como o foram, em vários períodos históricos, as camadas médias na Europa e nos Estados Unidos. De onde vem, afinal, o extraordinário conservadorismo da esmagadora maioria da classe média brasileira?

A SOCIOLOGIA DO "AGREGADO": PARA COMPREENDER A CLASSE MÉDIA QUE PENSA QUE É ELITE

A "origem" dos fenômenos sociais é sempre fundamental para uma compreensão do tempo presente. Isso pode ser entendido de maneira imediata, já que todo começo prenuncia certa "escolha", uma direção e um caminho peculiar, entre vários possíveis, o qual tende a se reproduzir, às vezes com máscaras novas, mas sempre fiel à sua conformação inicial. Essa tendência à inércia social, por sua vez, não implica que a mudança social não seja possível. Mas a mudança social efetiva só acontece quando um processo de aprendizado da sociedade é realizado, permitindo que a orientação inicial seja refeita e criticada, tornando possível outra direção e outro conteúdo em relação à escolha original.

Isso explica as razões pelas quais a verdadeira mudança social, ainda que seja possível, é também muito rara e difícil de ser realizada. Sem efetivo aprendizado e, portanto, autocrítica, a mudança social tende a ser apenas aparente, cosmética, uma mera adaptação às modas e ao espírito da época, mas reproduz a mesma essência, as mesmas virtualidades do impulso original. Isso é precisamente o que acontece com o comportamento da classe média brasileira. Ela parece ser vítima de uma "compulsão à repetição", sem aprendizado nem compreensão dos seus interesses próprios, se identificando inteiramente com os interesses do seu patrão e algoz: a elite de proprietários no campo e na cidade. Esclarecer como e por que isso acontece, precisamente desse modo, é o nosso desafio aqui.

Como sempre, todo começo e toda origem, no caso da sociedade brasileira, tem ligação com a escravidão. Ainda que isso seja aparentemente óbvio depois que seja dito, como fiz no livro *A elite do atraso*, nunca foi nem é assim que a sociedade brasileira é compreendida majoritariamente até hoje. A tradição hegemônica do pensamento brasileiro percebe a "tradição ibérica", uma espécie de continuidade entre a cultura portuguesa e a brasileira, desconhecendo o fato óbvio de que a transmissão cultural não se dá pelo "sangue", mas, sim, pelos estímulos de instituições concretas que determinam o comportamento dominante em dada sociedade. E a "instituição total" do Brasil Colônia, que influenciava decisivamente todas as dimensões da vida, era a escravidão, que não existia enquanto tal em Portugal.

É, portanto, nas vicissitudes do sistema escravocrata brasileiro que devemos procurar as origens da orientação atual, servil à elite e aos seus interesses, da classe média brasileira. Talvez o texto histórico mais interessante acerca desse assunto tenha sido escrito por Maria Sylvia de Carvalho Franco, no seu livro clássico sobre os "homens livres" na ordem escravocrata.[1] Em uma sociedade tão marcada por posições polares, entre aqueles que tudo podiam, os senhores de terra e gente, e aqueles que nada podiam nem nada tinham, os escravos, os "homens livres", quase sempre também mestiços, representavam uma situação social intermediária.

Obviamente, seria errôneo chamar esse segmento de "classe média", no sentido moderno do termo, o qual pressupõe, antes de tudo, apropriação privilegiada de capital cultural e conhecimento técnico e literário para as necessidades de reprodução do capitalismo moderno. Mas as "origens" daquilo que, mais tarde, se transformaria na classe média brasileira moderna já estão prefiguradas aqui. Muito especialmente as formas simbólicas e afetivas que iriam antecipar as relações entre as classes sociais do Brasil moderno. Como até hoje não houve uma crítica efetiva e consciente de nosso passado escravocrata, ele tende a continuar sob novas máscaras e outras roupagens aparentemente modernas, adaptando-se ao novo mundo capitalista que se cria, mas preservando seu sentido e sua direção original.

O sentido e a orientação escravista que continua até hoje é o mandonismo sem peias da elite de proprietários. A mesma elite de proprietários que podia matar, torturar e prender no Brasil Colônia, inclusive seus próprios filhos e esposas, sem temer consequências, que era ao mesmo tempo, portanto, o proprietário, o legislador e o administrador de toda forma de "justiça". É a partir desse contexto que podemos compreender a figura do "agregado" e sua permanência renitente até hoje.

A figura do "homem livre", seja ele branco, mestiço, seja até o negro alforriado, vai, por razões tanto materiais quanto simbólicas, se afastar do escravo e se identificar com o proprietário. Do ponto de vista econômico, ele é um "sem lugar", já que o trabalho produtivo principal era

---

1 Maria Sylvia de Carvalho Franco, *Homens livres na ordem escravocrata*, São Paulo, Editora Unesp, 2002.

realizado pelo escravo. Nesse sentido, ele tenderá a ocupar as franjas do sistema produtivo, realizando serviços que o escravo não podia ou não tinha condições de fazer — acima de tudo, a função de "braço armado" do senhor de terras e de gente, o exército particular que o senhor tinha à disposição, seja para as disputas de terras com outros senhores, seja para todo tipo de intimidação e violência às pessoas escravizadas sob seu domínio.

A base desse acordo entre o senhor e seu prolongamento no "homem livre" que se transformava, então, em um agregado da família do senhor, era um tipo de processo de "identificação afetiva", que transmitia, ao mesmo tempo, a ilusão de liberdade individual ao agregado, pela oposição em relação ao escravo, e o fazia se sentir pertencente à família do proprietário. A análise empírica desse processo, inclusive, é o ponto alto do livro de Maria Sylvia. Embora sem se utilizar do conceito hegeliano de "reconhecimento social", desenvolvido recentemente de forma lapidar pelo filósofo social alemão Axel Honneth, Maria Sylvia antecipa muitos aspectos dessa abordagem.

Em primeiro lugar, é necessário afastar a hipótese de uma decisão racional e consciente para a situação peculiar do agregado. Como se ele fizesse um cálculo de meios e fins e, precisamente pela ausência de outras oportunidades econômicas, "optasse" pela servidão voluntária em relação ao senhor. Não é assim que o mundo social funciona. A necessidade mais premente e mais importante dos seres humanos em sociedade é a de ser "reconhecido", ou seja, ser aceito e respeitado na sua integridade dentro das normas acatadas e dominantes em uma sociedade concreta.

Hoje em dia, imaginamos, ingenuamente, que dinheiro e poder são as efetivas motivações últimas do nosso comportamento. Suprema bobagem. Basta que imaginemos os motivos últimos pelos quais as pessoas ansiosamente se põem em busca incessante por dinheiro e poder. Dinheiro e poder produzem, antes de tudo, um sentimento de distinção social e superioridade em relação aos outros, ou seja, uma forma distorcida de reconhecimento social, realizada à custa da humilhação dos outros, produzindo um sentimento de potencializada autoestima e admiração alheia em quem usufrui dessas benesses. Assim, não são os "interesses econômicos" o que nos move, mas os ganhos em reconhecimento social que a posse dos bens econômicos produz de modo objetivo em todos nós.

O senhor de terras e de gente "intuía" esse processo no seu comportamento prático, posto que preocupado, para garantir a lealdade do agregado, em fazê-lo sentir-se em casa, na família do proprietário, sendo convidado à mesa e servido por escravos. O agregado era convidado a se sentir poderoso e privilegiado, como o proprietário e sua família, precisamente pela oposição com o escravo negro desprovido de tudo. As frequentes relações de compadrio entre senhor e agregado serviam como uma luva para dar a impressão de pertencimento à "família ampliada" do senhor. E, de fato, o agregado se sentia e era efetivamente uma espécie de prolongamento da vontade desse senhor. Sua principal preocupação era, se possível, "antecipar a vontade do senhor" sem sequer ser necessário que ele a expressasse.

O decisivo aqui é a ausência de consciência de interesses próprios, tamanho o empenho em agradar, se assemelhar e antecipar, se possível, os desejos, inclusive os mais íntimos, do proprietário e senhor. Nada muito distinto da classe média de hoje, a qual — posto que possui um carro médio ou um apartamento financiado — se considera elite e defende os interesses da elite que não são os seus, como a recusa de impostos sobre grandes fortunas ou o apoio à degradação dos serviços públicos. Além disso, sai às ruas toda vez que a imprensa elitista a convoca, sob o pretexto de um falso moralismo construído com precisão de alfaiate para manipular a classe média. Essa não foi a relação construída entre segmentos médios e a elite em países não escravocratas como os europeus. Lá, os segmentos médios foram precisamente os revolucionários de fato, os quais lograram reverter o domínio senhorial arbitrário.

Tendo-se em vista que os agregados formalmente livres eram a maioria da população já em meados do século XIX, a via alternativa da autonomia de classe não seria mera quimera — não fossem os agregados formados na prática cotidiana da servidão voluntária. O fator decisivo aqui era o reconhecimento social do status de livre e de formalmente autônomo conquistado pela mera oposição ao escravo. Não ser escravo, não ser confundido com um escravo, ser e se sentir superior a alguém — tratava-se de uma atribuição de valor e reconhecimento, portanto reativa, uma mera oposição aos que não têm nada, conferindo a ilusão de que se tem algo e, mais importante, que se participa do mecanismo de domínio ao lado de quem domina e está "ganhando".

A identificação absoluta com o proprietário só se consuma com o correspondente desprezo ativo em relação ao socialmente inferior, posto que é a base da autoestima e do reconhecimento social, derivado desse segmento intermediário. É a partir do desprezo do objetivamente inferiorizado, no caso o escravo, que se pode auferir a sensação de potencializada autoestima, precisamente pela distância em relação ao escravo. Veremos, no decorrer deste capítulo, que, como nunca aprendemos nem fizemos autocrítica desse tipo de formatação social, essa relação continua até hoje exatamente do mesmo modo e caracteriza a posição e o comportamento social e político de todos os segmentos intermediários da sociedade brasileira.

A gênese histórica desse processo — que envolve, portanto, um movimento duplo: identificação com o mais forte e desprezo em relação ao mais fraco — vai determinar a forma específica dos conflitos de classe desde o Brasil Colônia. A estrutura do reconhecimento social no Brasil, que vimos ser o estímulo mais importante e mais primário do comportamento de indivíduos e grupos sociais — para os quais os assim chamados "interesses econômicos" são meros meios —, vai exigir a reprodução permanente de um estrato social de indesejados e desprezados para que os estratos intermediários possam se sentir superiores a alguém. É precisamente essa sensação de se "sentir superior a alguém" que vai possibilitar, por sua vez, a identificação, primeiro do agregado, assim como depois dos estratos médios futuros, com a elite de proprietários.

No caso europeu, a valorização do trabalho manual e a ausência da escravidão tornarão possível — em grau, obviamente, muito variável em cada sociedade concreta — o reconhecimento social universalizável em grande medida. As pessoas passam a se orgulhar não da possibilidade de humilhar o mais frágil para se sentirem melhor e mais poderosas, mas, ao contrário, precisamente do fato mesmo de que todos têm que ser respeitados. Essa é a forma democrática de resolver o dilema do reconhecimento social, da forma mais abrangente e democrática possível. Não existe sociedade perfeita nesse particular, mas existem, obviamente, sociedades muito mais igualitárias que as outras.

No caso brasileiro, o padrão histórico construído na escravidão e mantido até hoje vai implicar a solução do problema do reconhecimento social a partir de uma estratégia diametralmente oposta: a autoestima dos grupos superiores e intermediários vai ser obtida justo pela "distinção social" em relação aos escravos, primeiramente, e depois, em relação aos marginalizados e excluídos, ou seja, aos "novos escravos" de hoje. É um reconhecimento "contra" os outros, socialmente mais frágeis, e não "com" os outros. Em um país como a Alemanha, por exemplo, a maioria das pessoas se orgulha de uma sociedade preocupada em não deixar ninguém de fora dos benefícios do mundo moderno. No Brasil, as pessoas se orgulham de poder humilhar e explorar os mais frágeis.

Na segunda metade do século XIX, o agregado sai do campo e vai também povoar as nascentes cidades que passam a ganhar população mais expressiva, como São Paulo, Rio de Janeiro, Salvador e Recife. Começa aqui uma diferenciação interna importante dos segmentos médios. A entrada tardia do capitalismo comercial no Brasil — a partir de 1808, com a abertura dos portos, assim como o processo de independência política, em 1822 — estabelece a possibilidade da especialização tanto dos ofícios técnicos, a partir da nascente manufatura, como dos novos cargos exigidos pela estrutura do nascente Estado centralizado. Paulatinamente, estruturas tanto do mercado moderno quanto do Estado centralizado começam a exercer influência, modificando a sociedade brasileira.

O capitalismo comercial, ou seja, a troca de mercadorias, não muda a sociedade radicalmente como o capitalismo industrial, embora se trate de uma importante transformação. Afinal, novos ofícios e novas oportunidades de trabalho se criam com a entrada da manufatura e do livre-comércio, de modo independente da estrutura escravocrata anterior. Da mesma forma, a entrada em cena do Estado centralizado ajuda a mudar o cenário social. As novas necessidades de fisco, de administração da justiça, de criação de uma burocracia estatal e de maior controle geral da vida social possibilitam não apenas um tipo de emprego e ocupação que não existiam antes, mas implicam, também, a criação da necessidade, pela primeira vez na história brasileira, de limitar o mandonismo rural e urbano da elite de proprietários. Obviamente, a elite continua mandando, mas seu poder deixa de ser absoluto. Por conta disso, a "posse do Estado" vai, a partir dessa fase histórica, ser cada vez mais decisiva para a elite de proprietários.

A entrada do capitalismo comercial e a formação de um aparelho de Estado passam a engendrar uma lógica social nova. Começa aqui uma diferenciação social importante, muito em especial entre os segmentos médios, entre os escravos e a elite de proprietários. A passagem do agregado, formalmente livre, quase sempre também mestiço, do campo para a cidade significa a construção de um novo padrão de estratificação e classificação social baseada na posse e na incorporação do "capital cultural". Esse capital tanto pode ser o "conhecimento técnico", dos novos ofícios mecânicos e manufatureiros, quanto o "conhecimento letrado" do "mulato bacharel", uma figura típica do Brasil do século XIX. A posse de conhecimento de prestígio vai ser o caminho dourado de todo "embranquecimento" a partir daí, ou seja, o conhecimento jurídico necessário para o funcionamento do Estado e do mundo dos contratos, ou, ainda, o conhecimento literário da nascente imprensa e do mundo editorial.

Os segmentos intermediários, entre as posições polares de senhor e de escravo, passam a se diferenciar entre uma alta classe média do conhecimento legítimo e de distinção, pressupondo ensino universitário e conhecimento de línguas estrangeiras, e uma classe trabalhadora e uma baixa classe média de trabalhadores e artesãos livres. Essa primeira forma de "modernização" dos estratos médios e da sociedade brasileira, no entanto, não vai modificar o padrão de dominação social vigente. É precisamente essa continuidade, sob novas máscaras, que é importante perceber.

Decisiva para essa continuidade de fundo foi a solução encontrada pelas elites para acabar com a escravidão: ficou decidido que o novo lugar produtivo na sociedade pós-abolição seria ocupado pelo branco europeu, muito especialmente o "europeu latino", para facilitar a mestiçagem e o embranquecimento do restante da população. Tudo como se o processo de desumanização e a degradação imposta cotidianamente, os pressupostos para que se construa o escravo, fossem culpa da própria vítima. Pior, agora o ex-escravizado também passou a ser vítima de um novo tipo de perseguição especialmente cruel. Como a hierarquia social deixou de ser imposta pelo estatuto jurídico de mercadoria humana, que caracterizava o escravo e retirava todas as possibilidades de o escravo ser tratado com respeito e justiça, o novo tipo de relação subordinada previsto para ele na "nova sociedade" tinha de assumir uma forma não mais jurídica, mas, ao mesmo tempo, compreensível e assimilada por toda a sociedade. Daí que tenhamos elaborado, a partir dessa época, uma preocupação obsessiva com os símbolos exteriores de distinção social — de modo que o escravo pudesse continuar a ser marcado em sua inferioridade social sem mais a necessidade de uma lei "jurídica" para isso.

Passa a existir toda uma hierarquia social baseada então na cópia do padrão estético europeu, muito especialmente nos trajes, nas roupas e nos adereços, e também no modo de falar a língua e no comportamento em geral. A função social desse novo padrão — impossível não pensar na sociologia de Pierre Bourdieu nesse particular — era a de marcar as posições sociais em uma forma de hierarquia social tão rígida e excludente quanto a escravocrata, mas, agora, passível de conviver com a igualdade formal do novo mundo dos contratos. A mera posse de um sapato, por exemplo, era suficiente para distinguir o pobre livre do ex-escravizado ainda descalço.

Nasce aqui, inclusive, um padrão servil, acrítico e meramente imitativo das próprias elites e da nascente alta classe média em relação ao padrão europeu e, depois, americano. Um padrão que não apenas se impunha por meio de roupas e trejeitos, mas que abrangia o "estilo de vida" por inteiro. Em meados do século XIX se transforma, nas grandes cidades, todo o "estilo de vida", como as bebidas, a comida e o conjunto de hábitos cotidianos. A alta classe média e a elite brasileira passam a se comportar em relação às modas das classes altas europeias, como a pequena burguesia dos países europeus se comportava em relação às próprias classes altas: de modo reativo, sem qualquer originalidade ou senso crítico, meramente imitativo e colonizado.

Essa imitação reativa abrange toda a sociedade. A vida cultural, política e social passa a ser um grande pastiche da cultura europeia. Definido o modelo europeu como exemplo absoluto, que combina raça e cultura como se os dois fossem intercambiáveis, a sociedade brasileira passa a ser regida pela obsessão do "branqueamento" precisamente a partir dessa época. "Branqueamento" tem um sentido duplo e passa a indicar tanto o efetivo apagamento de qualquer traço fenotípico negroide quanto a imitação basbaque dos hábitos e do estilo de vida europeus.

Quem tiver a pretensão de ascender socialmente nesse contexto e for "mulato", por exemplo, tem de alisar os cabelos ou pintá-los de loiro. Gilberto Freyre analisa, em seu *Ordem e progresso*, que se dedica a essa fase histórica, como a importação de bonecas de cerâmica francesas de cabelos loiros vai criar a moda avassaladora entre as mulheres brasileiras de pintar os cabelos. Vale tudo para negar os próprios traços físicos e fingir para si e para os outros que não se é quem se é.

Esse tipo de "má-fé" existencial passa a ser o alfa e o ômega da vida social brasileira em todas as dimensões, inclusive a vida das instituições, desde então. Imita-se o padrão democrático, mas sem as garantias econômicas e sociais para a autonomia do cidadão nem imprensa plural para esclarecê-lo; também a cultura e a vida universitária europeia, mas destituída de verdadeiro espírito crítico; as externalidades, as aparências sem conteúdo; e se condena a sociedade a ser uma eterna caricatura. Tudo tal qual temos hoje em dia, sem tirar nem pôr.

Definido o modelo absoluto como o suposto "paraíso" europeu, é necessário também criar o "inferno" social que possa servir de contraponto. Porque esse será o mundo do ex-escravizado, não apenas largado ao próprio azar, formando as primeiras favelas brasileiras, e condenado a uma vida excluída e marginalizada, mas também sistematicamente perseguido, ridicularizado, menosprezado e odiado desde então. A mulher negra é condenada aos serviços domésticos da antiga escrava de casa, ou à exploração sexual gratuita à família que a emprega, ou ao serviço mal pago da baixa prostituição. O homem negro é condenado aos serviços perigosos e também mal pagos, quase sempre musculares e animalizados, como também seus antepassados faziam. Constrói-se uma raça/classe de servidores domésticos e mal pagos para serem explorados e humilhados pela nascente classe média e a velha elite. Quase todos negros e mestiços. A alternativa a essa falta de oportunidades cevada e construída de cima intencionalmente é a delinquência, que passa então a ser uma espécie de apanágio do negro, especialmente o negro jovem, para melhor persegui-lo, discriminá-lo e assassiná-lo. Tudo isso continua até hoje, sem qualquer mudança efetiva.

Definidos os dois elementos polares, temos então o espaço social de atuação dos segmentos médios, que é o que nos interessa aqui. Entre o inferno e o paraíso social, estabelecidos há 150 anos e ainda vigentes sem qualquer alteração importante, temos desde a classe trabalhadora até a alta classe média, que lutam com tudo que têm para se afastar do polo de baixo e se aproximar do polo de cima. Todos os indivíduos e todos os segmentos intermediários vão obedecer a uma única lei, posto ser o único passaporte, a única possibilidade de ascensão social.

Embora tanto a elite como a alta classe média sejam quase inteiramente brancas, salvo exceções que confirmam a regra, a "cordialidade" do racismo brasileiro reside no fato de que tanto o branco pobre quanto o mestiço e o negro talentosos, uma vez que imitem e aceitem os valores e o padrão dominante, podem, desde que esse crescimento seja "individual", ascender e ser incluídos nas relações de privilégio. Essa sempre foi — e ainda é — a grande "astúcia" da perversa e desigual sociedade brasileira.

Desse modo, se cooptam e são assimiladas todas as melhores cabeças das classes e das "raças" dominadas. O punhado de negros talentosos que ascendem sob o pressuposto da obediência aos valores do dominador corta no nascedouro as lideranças rebeldes dos excluídos e legitima o sistema perverso vigente. Nada muito diferente do "identitarismo meritocrático" de hoje em dia, tão ao gosto dos bancos e da mídia comprada pelos bancos, que legitima, pelo falso pressuposto da meritocracia, o saque financeiro da população, especialmente da negra e mais pobre. Esse racismo social brasileiro, que mistura de modo indelével racismo racial, de classe, de gênero e de cultura, se segmenta de modo distinto de acordo com a posição social objetiva dos vários segmentos médios. É isso que analisaremos a seguir.

SERGIO MORO E A HIPOCRISIA MORAL DA ALTA CLASSE MÉDIA

Vimos que sem a reconstrução do passado não compreendemos o presente. Sem compreendermos a gênese histórica das classes médias entre nós, não compreendemos como ela se comporta atualmente. Os padrões de comportamento de indivíduos e grupos sociais tendem a se manter e a se perpetuar no decorrer do tempo, desde que não haja aprendizado novo que exija uma mudança. Sem aprendizado real, as mudanças buscam sempre aparentar novidade — de forma, nunca de conteúdo — onde ela não existe.

A tese de fundo desta parte do livro, dedicada a esclarecer o falso moralismo e a autoilusão das classes médias, é que estas últimas, em todas as suas frações e subdivisões, continuam sendo o velho "agregado" de sempre, ansiando por imitar e antecipar os desejos da elite, por um lado, e se distanciando, por outro, pelo desprezo e pelo ódio ativo, dos excluídos e marginalizados. Isso não significa que não tenha havido rupturas e a construção intencional de novas máscaras e de novas formas de legitimação da própria situação social nos últimos 150 anos. Existiram, sim, e iremos reconstruí-las mais adiante. Mas elas serviram para aumentar a eficácia da subordinação das classes médias à elite, assim como aumentar também o desprezo em relação aos mais pobres.

Comecemos "por cima", pela alta classe média, modelo máximo de todas as subdivisões e frações dessa classe. Chamo aqui de "alta classe média" essa espécie de "elite funcional", destinada à vida farta e privilegiada pela reprodução, antes de tudo, de capital cultural considerado raro e legítimo. Se o pilar da reprodução social da elite são os títulos de propriedade materializados na posse da grande propriedade rural, comercial e industrial, além do capital financeiro especulativo, investido em imóveis ou títulos da dívida pública, a alta classe média se reproduz pela incorporação de conhecimento privilegiado e cosmopolita. O CEO de um banco, por exemplo, recebe polpudos salários e bônus, mas não é o dono do banco; ele dirige o banco em nome de outrem. Sua influência é, no entanto, enorme na condução da sociedade. É ele quem é ouvido pelo banco central quando a instituição quer aumentar os juros sobre toda a população.

A alta classe média não comanda só os bancos, mas a imprensa e toda a vida intelectual e editorial, a indústria cultural em suas diversas dimensões, a "nobreza de Estado" formada por juízes, procuradores e altos técnicos, além do comando de toda a burocracia privada das empresas de mercado. A alta classe média exerce, na prática, o comando da sociedade em nome e de acordo com o interesse da elite de proprietários. Daí vem a sua extraordinária importância. É aqui também que essa confusão tão brasileira entre classe média e elite se torna perfeita. Afinal, a alta classe média é o representante e o preposto da elite de proprietários no comando efetivo da sociedade em todas as suas dimensões. A identificação de interesses é total, já que a afluência social e econômica dessa fração de classe depende do sucesso na representação dos interesses econômicos e sociais da elite.

De certa maneira, o velho "agregado" se "moderniza", vai estudar nos Estados Unidos, aprende inglês com fluência, joga aqui e acolá uma palavra inglesa em tudo que diz, se sente parte de uma cultura global e cosmopolita, mas sua lealdade e todo seu esforço é antecipar os desejos de seu chefe ou da assembleia de acionistas. Alguns, obviamente, têm tanto sucesso na empreitada, aproveitando-se de mudanças históricas no processo de acumulação econômica, que se tornam eles próprios grandes proprietários. Daniel Dantas, André Esteves e Paulo Guedes não nasceram herdeiros. Mas aproveitaram as oportunidades da entrada do capitalismo financeiro no Brasil para destruir o antigo capitalismo industrial criado por Getúlio Vargas, fundado na propriedade pública, e ficar com parte do saque financeiro comandado pelos bancos americanos.

Daniel Dantas foi um "operador" importante dessa mudança bem no começo com FHC nos anos 1990; André Esteves veio depois; e Paulo Guedes, agora, se aproveita do restinho que ficou da "*black friday*" de recursos públicos avidamente "privatizados" por valores pífios no governo Bolsonaro. Mas esse sempre foi — e ainda é — o jogo de todo o capitalismo financeiro brasileiro. O "capital" do "financista", aqui, é o de ser um mero preposto e "testa de ferro" da elite mundial dominante, a americana, e poder se utilizar da "rede de contatos" e de troca de favores do mundo político e jurídico que comanda o Estado brasileiro em defesa do saque americano. Em troca, o "financista" fica com parte, às vezes significativa, dessa pirataria legalizada. São todos uma espécie de "corsários" do novo capitalismo financeiro americano, e, portanto, "autorizados" por ele a realizar a tarefa de organizar o saque do hoje endividado povo brasileiro.

Ninguém, obviamente, chama isso de "corrupção" porque, antes de tudo, os piratas do capitalismo financeiro brasileiro são os novos donos, diretos ou indiretos, da maioria dos órgãos de imprensa em todos os níveis no Brasil de hoje. "Corrupção" vai ser, por definição, apenas aquilo que o inimigo político faz. Para que possa existir tamanho assalto à economia popular e à riqueza que deveria ser de todos, é necessária uma imprensa corrupta que distorça a realidade o tempo todo para a população. Em nome desse interesse é que foi instituído o "bode expiatório" da "corrupção política", para tornar invisível o roubo mil vezes maior da pequena elite. Um bode expiatório necessário para explicar aos brasileiros por que eles são pobres, apesar de o país ser muito rico. Na verdade, os políticos do "centrão", por exemplo, são meros "paus-mandados" dos tubarões do mercado financeiro e ficam com a gorjeta do roubo total. É assim que se rouba a inteligência e a defesa de todo um povo. E os "piratas" que comandam o assalto real, que é o que deixa o povo na pobreza, ao contrário, são celebrados como o sal da terra, os arautos da modernidade e da inteligência nacional, já que a imprensa há cem anos nos diz que corrupção é só coisa de político — e apenas aquele dos partidos populares. Esse povo faz "negócio" bem-feito, sem que ninguém do Ministério Público ou do Tribunal de Contas se arrisque a procurar as impressões digitais do saque nos paraísos fiscais do globo.

O velho agregado em épocas de mudança socioeconômica pode assumir o lugar do patrão mostrando que também essas linhas divisórias, entre elite e alta classe média, são fluidas. Isso já acontecia no Brasil tradicional, como mostra Graciliano Ramos em *São Bernardo*. Mas é fundamental compreender como funciona a alta classe média em rede.

A alta classe média no mercado se divide, no essencial, em duas vertentes: o alto escalão do capitalismo financeiro especulativo, que também controla o agronegócio, e a alta classe média, que comanda a imprensa, a propaganda, as mídias digitais, a indústria cultural, em resumo, a "elite funcional" que diz o que o povo deve ver e quando, e de que modo o mundo social deve ser compreendido.

É preciso existir um pacto forjado no dia a dia entre o que a elite de proprietários faz, especialmente os tubarões financeiros — que vai ter impacto direto no aumento da pobreza e da miséria da população, mas que tem que "aparecer" como inevitável —, e uma expectativa do "mercado", como se este fosse um comando inevitável vindo de um planeta distante ou como fruto de condições incontroláveis, como uma peste pandêmica, ou um desastre natural. Nada pode apontar a responsabilidade e a intencionalidade dessas ações. Esse é o papel previsto para a esfera pública brasileira, o lugar onde a sociedade deveria se informar e refletir, mas que é transformado por sua elite e levado a cabo por seus prepostos da alta classe média como um espaço de manipulação e distorção da realidade.

Para que exista o saque financeiro direto — como as "privatarias" de companhias estatais sólidas e estratégicas vendidas a preço pífio, dívida pública não auditada e o aumento gigantesco do preço da energia e dos combustíveis para toda a população — é fundamental uma imprensa corrupta que esconda tudo isso e arranje culpados de ocasião para manipular a população. O esquema de poder no Brasil, resumido à sua forma mais básica, implica que a elite assalta o povo e a imprensa mente e distorce a realidade para que isso não seja percebido. É a alta classe média, seja no mercado, seja na esfera pública, quem possibilita, na dimensão do cotidiano, a reprodução da dominação social e econômica em benefício da elite de proprietários.

A alta classe média, porém, não domina apenas o mercado e a esfera pública midiática. Ela domina também a máquina estatal, muito especialmente a sua "nobreza de Estado", materializada, antes de tudo, nas carreiras do Poder Judiciário e no aparelho jurídico-policial do Estado. É aqui que estão os altos salários da República, muitas vezes mais altos que o limite oficial do salário do presidente. Os salários reais de muitos juízes e procuradores, por exemplo, chegam à casa das centenas de milhares de reais por meio de artimanhas, como pagamento de "atrasados", de prêmios e gratificações duvidosos, tudo decidido no próprio âmbito do Poder Judiciário, que usa seus poderes constitucionais como meio de chantagear os outros poderes em benefício corporativo próprio.

Também aqui a figura da velha oligarquia e seus agregados de ontem se mostram, agora, em ternos bem cortados e sobrenomes estrangeiros, como tantos na força-tarefa da Operação Lava Jato. Essa operação, e sua sanha antidemocrática e antipopular, só pôde resistir durante tanto tempo porque o meio jurídico da “nobreza de Estado” a apoiou o tempo todo. O apoio veio não apenas por interesse próprio e conjuntural, mas porque sempre se acreditou que o poder deve ser exercido de forma antipopular. O agregado “modernizado” quer viver como um “europeu”, entre brancos, e se possível sem qualquer contato com o povo. A “nobreza de Estado” retira seu “sentimento de superioridade e prestígio” precisamente da manutenção da desigualdade e do servilismo daqueles que nada possuem. Daí vem o apoio incondicional da quase totalidade do aparelho jurídico-policial do Estado brasileiro à Lava Jato, dado que percebiam seu intuito profundo de ofensiva antipopular. O falso moralismo da alta classe média se mostra em sua maior desfaçatez.

O cargo de juiz, ao lado dos cargos políticos eletivos, sempre foi uma das escolhas de toda família da elite de proprietários e de seus prepostos e agregados, de modo a concentrar propriedade, administração da justiça e poder político na mesma família. As carreiras jurídicas tendem a se transformar em prebendas passadas de pai para filho por meio do jogo de influência pessoal. Algumas dessas linhagens familiares abrangem séculos de continuidade ininterrupta. Os concursos públicos podem ser, afinal, sempre influenciados pela comissão julgadora que avalia os candidatos. De resto, na falta de candidatos da própria família da elite, a influência e a cooptação da alta classe média do conhecimento jurídico são garantidas por redes de relacionamentos e troca de vantagens.

Prova disso é que o funcionamento normal do Poder Judiciário brasileiro está ligado umbilicalmente às grandes bancas privadas de advocacia, que defendem os interesses da elite brasileira, em que corre o dinheiro grosso, também muitas vezes nas mãos de filhos, agregados e prepostos, de ministros de tribunais superiores. É isso que explica o fato de muitos juízes do Supremo Tribunal Federal e de tribunais superiores fazerem campanha pelo cargo, inclusive com o uso de muito dinheiro, para compra de influência. Aqui o limite entre a dimensão pública e privada é mínimo, embora isso não tenha nada a ver com "patrimonialismo", como pensa a tolice da inteligência brasileira. Isso tudo somado à virtual falta de controle externo do Poder Judiciário explica a construção de um baluarte jurídico-policial, elitista e antipopular no coração do Estado brasileiro. Afinal, Sergio Moro não agiu sozinho. A imensa maioria dessa "nobreza de Estado", desdenhando das óbvias ilegalidades que marcaram essa operação desde o início, apoiou a força-tarefa e sua tentativa de chantagear o poder político como forma de exercer o poder político real.

Foi um tempo de aumentos de salários, de influência social e da sensação de estar participando de uma ação supostamente "revolucionária" — a velha "revolução regressiva", do falso moralismo criado pela elite e seus intelectuais desde 1936, ou seja, o roteiro armado, sem tirar nem pôr, como vimos no começo deste livro, pela elite para os seus prepostos da alta classe média. A alta classe média, aqui na sua dimensão de "nobreza de Estado", é conclamada a atacar todos os princípios democráticos do Estado de direito, supostamente para garantir a moralidade pública. Poucos atentaram para a óbvia contradição aqui contida. O linchamento público e a perseguição sem provas de tantos inocentes clamam por uma reconstrução e uma autocrítica do complexo jurídico-policial do Estado brasileiro que jamais aconteceu.

Observemos o seguinte: a ação da alta classe média — do diploma diferenciado, das línguas estrangeiras e das redes de relacionamentos, tidas como o maior capital familiar —, juntamente com a elite de proprietários, se torna uma estrutura que move o comando do mercado, da esfera pública e do Estado, ou seja, de todas as dimensões da sociedade moderna, em uma única direção: a manutenção do interdito à participação popular e a reprodução do Estado e do orçamento público como butim para o saque privado da elite de proprietários.

O falso moralismo da pretensa defesa da moralidade pública e o "bode expiatório" da corrupção unicamente política — especialmente de partidos populares — são a ideologia de fundo de toda a ação da alta classe média em todas as dimensões. É isso que faz com que a orquestração de interesses entre o mercado, a grande imprensa e o aparelho jurídico-policial possa ter ocorrido como se tivesse sido previamente ensaiada. Apenas porque comunga a mesma compreensão de mundo da elite de proprietários — uma verdadeira ideologia totalizadora que tudo explicaria sobre a singularidade brasileira, como vimos, que demoniza o povo e seus representantes e preserva o saque elitista — é que a alta classe média pôde comandar o golpe de 2016 de maneira tão completa.

É isso que fez — e faz — com que Sergio Moro, com sua hipocrisia e cinismo ímpares, tenha se tornado um de seus representantes orgânicos de maior sucesso. Daí sua enorme popularidade antes da "Vaza Jato" e, mesmo enfraquecida, depois dela. O falso moralismo e a hipocrisia da classe média real encheram as ruas das grandes cidades de milhões de branquinhos histéricos e bem-vestidos que tinham Sergio Moro como seu herói maior. Ele se tornou um "super-homem" do falso moralismo brasileiro, uma máscara criada para manter negros e pobres no "seu lugar" e perseguir todo governo que pretender ajudá-los.

Assim, a classe média branca, que se percebe distinta e superior ao povo mestiço, pobre e negro, pode exercer seu racismo de raça e de classe, agora com a pátina dourada da moralidade. Qual canalha racista não gostaria de se ver dessa forma? Que a classe média branca jamais se incomodou com a corrupção, desde que seja da elite, basta lembrar, como já comentamos, da reação dela aos escândalos das malas de dinheiro que envolveram o presidente Michel Temer e o grampo que flagrou Aécio Neves praticando corrupção explicitamente. Tudo filmado e gravado para quem quisesse ver. Mas ninguém viu nenhum branquinho histérico nas ruas gritando contra a corrupção. Compare isso com a reação contra Lula e Dilma baseada em meras alegações sem prova alguma. Por que tamanha diferença? Por que o que é "perdoado" em uns não vale para outros?

É isso o que prova, empiricamente, por meio do comportamento prático das pessoas, que a motivação da classe média é outra, e não a "alta moralidade". Esta é só uma máscara para possibilitar o pior racismo — condenando pessoas indefesas a uma vida de barbárie para explorá-las melhor e possibilitar o gozo cotidiano de humilhá-las. A inteligência da elite e de seus intelectuais orgânicos foi ter dado à classe média a ilusão perfeita de que seu desprezo ao povo negro e pobre é produto não de sua estupidez racista, mas, sim, de sua superioridade moral. Mas não apenas isso, como também dar a impressão de que ela é "protagonista" do jogo social, tornando invisível seu papel de marionete da elite do dinheiro. E qual "agregado" não gostaria de se ver desse modo?

JAIR BOLSONARO E O RACISMO POPULAR BRASILEIRO: A ASCENSÃO DO "LIXO BRANCO" DO SUL E DO HOMEM DE BEM EVANGÉLICO AO PODER

Mas a herança do golpe não se restringe ao "eterno retorno" da classe média branca manipulada como "tropa de choque" da elite nas ruas. Isso significaria uma mera repetição do que já havia ocorrido de maneira extremamente semelhante com Getúlio Vargas e Jango, antes de Lula e Dilma. O modelo se repete: permite, por um lado, que o orçamento público seja de novo "roubado" pela elite e não mais usado em benefício da maioria da população; e possibilita, por outro lado, que a classe média fique com os melhores empregos sem temer a concorrência popular ascendente. Esses são os reais motivos por trás da balela da "moralidade pública" da classe média branca. Uma aliança para manter o povo pobre e humilhado sob o disfarce da suposta superioridade moral.

Mas o golpe de 2016 gerou uma novidade: Jair Bolsonaro. Nunca antes o Brasil vira uma figura ao mesmo tempo tão grotesca e tão popular. É como se o país tivesse saído à cata de seu exemplar mais perverso, mais doentio, mais falso e mais corrupto para elegê-lo como seu líder maior. É isso que temos que compreender agora. Que Bolsonaro tenha tido 70% dos votos da classe média racista que tira onda de "superioridade moral" não seria de espantar. No entanto, vimos que a classe média já não tinha mais importância eleitoral pelo fato de ser tão pequena num país como o Brasil.

O que é efetivamente importante no fenômeno Bolsonaro é que ele logrou conquistar parcelas importantes do povo brasileiro, das suas classes populares e oprimidas. É isso que precisa ser bem compreendido. A imensa maioria das análises sobre a política envolve, geralmente, uma pressuposição de "racionalidade" no comportamento prático das pessoas comuns, na medida em que o interesse econômico é percebido como aquilo que, em última instância, define o comportamento social e político. Como esse interesse é impossível de ser percebido no apoio a Bolsonaro, o que predomina nas análises sobre sua renitente popularidade é um misto de espanto e impotência. Como, afinal, ainda tem gente que apoia um sujeito que, além de permitir o maior saque da elite brasileira e americana sobre as riquezas do país e o domínio estrangeiro sobre o mercado interno, não fez nada de bom para ninguém? Afora os esquemas suspeitos da própria família, e a compra dos militares mafiosos que lhe servem, Bolsonaro não ajudou a melhorar o emprego, o salário, a saúde ou a escola de absolutamente ninguém que ainda o apoia.

Como explicar o aparentemente inexplicável? Ora, o primeiro passo é abandonar as ilusões da suposta maior importância dos "interesses materiais" como a base da suposta "racionalidade" do comportamento prático das pessoas. Esse tipo de análise é um pressuposto, pouquíssimo discutido, das análises tanto de liberais quanto de marxistas, já que ambos partem da determinação econômica do comportamento prático. Para esse tipo de análise "racional" é a persecução de fins econômicos claros, como melhoria salarial e acesso a serviços básicos, que explica o comportamento do eleitor. Mas como entender o apoio muitas vezes apaixonado a quem não entregou nada disso para o povo?

É preciso, para compreender tanto Bolsonaro quanto tudo que verdadeiramente importa na vida social, que saibamos ser a necessidade última das pessoas comuns a de "reconhecimento social". Apenas uma parte dessa necessidade de reconhecimento se materializa sob a forma de distribuição de bens materiais — não é a única forma, nem mesmo a principal. A necessidade de reconhecimento deriva da nossa fragilidade, dos nossos constantes medos e angústias, da morte, da doença, da perda de entes queridos, da perda do respeito social dos outros, e assim por diante. Como somos frágeis e dependentes de constante apoio e atenção alheia, nossa autoestima, nossa autoconfiança e nosso autorrespeito dependem do meio social, ou seja, dependem dos outros. Isso acontece desde a tenra infância e segue pela vida adulta. Quem é percebido de forma positiva na família tem todas as chances de desenvolver todas as suas potencialidades socialmente. Quem é percebido de modo degradante e com desprezo tende a viver uma vida marcada pela falta e pelo ressentimento. Isso vale para indivíduos, mas também para classes e grupos sociais maiores e, às vezes, até para uma sociedade inteira.

Quando pensamos que os "interesses materiais" são os mais importantes, esquecemos o principal: que as pessoas que perseguem a acumulação infinita de dinheiro — que por definição não tem nada a ver com a satisfação de necessidades concretas — o fazem pelo poder de "distinção social" e de "superioridade" que isso produz. Portanto, uma necessidade de "reconhecimento social" do próprio valor. A busca por dinheiro e poder é uma busca "derivada" da necessidade anterior por reconhecimento social. E a luta por reconhecimento é tão decisiva e fundamental para nós todos que somos levados, inclusive, a nos comportar — partindo de uma perspectiva de fora, de quem nos observa — de modo irracional e contra nossos interesses de longo prazo. É isso que explica, verdadeiramente, o apoio renitente a alguém tão desprezível como Bolsonaro por parte de parcelas significativas do sofrido povo brasileiro.

E como podemos analisar a sociedade brasileira a partir da perspectiva do reconhecimento social? O ponto fundamental, aqui, é o lugar social decisivo do que chamei provocativamente de "ralé brasileira", uma classe/raça de pobres, majoritariamente de negros, que ocupa o último degrau da sociedade brasileira. Essa classe, historicamente, sempre teve pouca atenção do Estado, e também sempre foi muito pouco compreendida. No entanto, é decisiva para que compreendamos a sociedade brasileira. O fato de ser uma classe/raça "Geni", como na música do grande Chico Buarque, na qual todos podem pisar, cuspir e até matar sem temer consequências, ela funciona como a casta dos intocáveis, os *dahlit*, na sociedade hindu.

Em termos de atendimento a esse reconhecimento de indivíduos e grupos sociais, a "casta dos intocáveis", na Índia, permite que todos os outros grupos sociais intermediários, mesmo os também explorados e oprimidos, ainda que em menor intensidade, possam se sentir "superiores" a alguém. Essa prática legitimou a sociedade hindu por milhares de anos. Assim, não apenas as castas privilegiadas, mas também todos os grupos acima dos "intocáveis", poderiam ter seu quinhão de reconhecimento e respeito relativo.

Essa não é, seguramente, a única forma de se produzir reconhecimento social. Em sociedades mais igualitárias, o reconhecimento pode, em boa medida pelo menos, se estender a todos ou quase todos. As pessoas, então, se orgulham de participar de uma sociedade que não exclui ninguém ou muito poucos. Em sociedades com passado escravocrata, como o Brasil e os Estados Unidos, a tendência é a de se auferir reconhecimento e autoestima à custa dos outros. Nessas sociedades, a construção de uma classe/raça condenada à barbárie da exploração e da humilhação é a regra. Ela permite, desse modo, que todas as classes e "raças" acima da classe/raça condenada possam se sentir superiores a alguém. A consequência é, como no caso da Índia, a legitimação do sistema social injusto por inteiro.

Vimos anteriormente, neste livro, que a elite e a classe média branca legitimam seus privilégios proibindo qualquer governo de incluir negros e pobres. Se isso acontece, lá vem a imprensa da elite forjar um escândalo de corrupção, mesmo sem provas, como o que envolveu Lula. Isso garante à elite que o orçamento público seja assaltado apenas por ela — por meio de uma dívida pública fraudulenta, isenções e benefícios de toda sorte — e garante à classe média branca o monopólio do acesso aos empregos de prestígio e bons salários. Tudo isso como se fosse pelo bem do país e da sua moralidade pública.

O Brasil, porém, não é um país de elite e de classe média. A elite de parasitas que nos domina é ínfima e perfaz, no máximo, 0,1% da população. A classe média, por sua vez, não é maior que 20%. O que dizer dos restantes 80%? Se a "ralé" de pobres e negros condenados à miséria material e moral perfaz cerca de 30% da população — hoje, com Bolsonaro, seguramente próxima dos 40% —, como fica a situação social dos 40% restantes da população brasileira?

É aqui que se situa o quadro que permite compreender o apoio de parcela significativa desses 40% situados socialmente entre a classe média real e os excluídos e marginalizados a alguém como Bolsonaro. Esses grupos de classes populares intermediárias também foram oprimidos. Estamos falando aqui dos dois grupos principais cujo apoio a Bolsonaro facilmente se comprova.[2] Esses grupos são, na minha visão, os brancos pobres do estado de São Paulo e do Sul do Brasil, que se estende à fronteira agrícola do Centro-Oeste, e os evangélicos, que necessitam da construção de uma "virtude" pré-fabricada, como na construção artificial do "homem de bem" evangélico. Nenhum desses setores, que são muito amplos no Brasil, recebeu algo de concreto de Bolsonaro, a não ser "recompensas" simbólicas, como a indicação de um ministro "terrivelmente evangélico" para o Supremo Tribunal Federal.

Como explicar apoio tão intenso que resiste até a uma gerência catastrófica de pandemias, incêndios de florestas, atentados contra a democracia e envenenamento de rios e reservas de água? Ora, os "brancos pobres", maioria absoluta em São Paulo e no Sul, e os evan-

---

2 Pesquisa Conjuntura Política e Corrupção Financeira, Inteligência de Dados/Instituto Conhecimento Liberta (IIDD/ICL), novembro de 2021.

gélicos, de todas as cores e raças, que dominam o imaginário popular brasileiro do Rio de Janeiro para baixo, são setores também oprimidos que não tiveram as mesmas chances e os mesmos privilégios da classe média branca estabelecida.

A análise desses fenômenos só pode ser compreendida a partir da perspectiva de uma necessidade premente por "reconhecimento social" para grupos sociais objetivamente humilhados. Comecemos pelos brancos pobres do Sul, do estado de São Paulo, abrangendo ainda zonas de migração sulista, como o Centro-Oeste. A região Sul e o populoso e importante estado de São Paulo possuem uma composição "racial" muito distinta da encontrada no restante do Brasil — cerca de 80% ou até 90% da população é branca. Essas foram as regiões, afinal, que receberam os maiores contingentes de imigrantes europeus brancos — italianos, espanhóis, alemães e também provenientes do Leste Europeu. Ao todo, desembarcaram 5 milhões de pessoas, entre 1890 e 1930, auge da corrente migratória, que formaram a base da política de embranquecimento da sociedade brasileira.

Apesar de majoritariamente brancos, o que num contexto da herança social escravocrata significa já um ponto de partida positivo, nem todos lograram ascender à elite ou à classe média estabelecida. A classe média verdadeira e privilegiada é muito restrita no Brasil inteiro e nunca ultrapassa cerca de 20% da sociedade. Ainda que no Sul e em São Paulo possamos partir de um número maior de brancos privilegiados e de classe média — por exemplo, 30% do total —, teremos uma ampla maioria de pessoas brancas, cerca de 60% nesses lugares comparativamente mais ricos, sem acesso a várias benesses do mundo moderno e, de forma muito especial, ao capital cultural valorizado das boas universidades e das línguas estrangeiras. A composição social desses segmentos é muito variada. Reúne desde uma baixa classe média de pequenos comerciantes ou pequenos proprietários de terras até os empregos cada vez mais precarizados da classe trabalhadora formal e informal, seja no Estado, seja no mercado.

No entanto, esse "pobre remediado" e "branco" tem uma situação social melhor que as comunidades negras e pobres das favelas e dos bairros pobres do restante do Brasil. Tanto "materialmente", em nível de renda e acesso aos bens públicos, quanto "simbolicamente", por serem "brancos" em um país majoritariamente negro e mestiço. Como pude comprovar com várias entrevistas realizadas nessas regiões, a "origem europeia" é a fonte de maior orgulho dessas pessoas. Assim, a construção de uma meticulosa distância social com relação aos negros, que em alguns casos moram perto ou possuem situação social similar, passa a ser decisiva. A proibição de casamentos com negros e expressões familiares que denunciam um racismo corrosivo são a regra, não a exceção.

Mais uma vez temos a comprovação da tese deste livro: a formação de uma classe/raça "Geni" de marginalizados e perseguidos é o dado fundamental para que possamos compreender a dinâmica social brasileira. O caso dos brancos pobres mostra, sobejamente, de que modo esse preconceito redobrado contra os negros e pobres funciona, cimentando o racismo de raça e de classe como a base de todas as oposições e alianças de classes sociais na sociedade brasileira. "Objetivamente", ou seja, se as pessoas fossem os agentes calculadores de suas chances de vida e de ascensão social como o liberalismo imagina, elas se uniriam a outros oprimidos de qualquer cor e raça para lutar por mais igualdade. Em um contexto favorável, de maior inclusão e desenvolvimento social acelerado, como nos governos de Getúlio Vargas ou Lula, essa articulação, mesmo que de modo não consciente, se revela possível.

Contudo, no contexto do pós-golpe de 2016, o que vimos foi o empobrecimento geral da população, com a exceção dos lucros dos bancos e dos muito ricos, seus verdadeiros beneficiários. A população não sabe disso, porque nenhuma mídia mostra as verdadeiras razões do empobrecimento geral que se seguiu. Basicamente, os ricos assaltam o país e sua mídia, que também pertence ao mesmo grupo de pessoas que se beneficiam com o assalto financeiro, distorce e falseia sistematicamente a realidade social a ponto de torná-la incompreensível para a população.

Esse desconhecimento das causas do empobrecimento cria o terreno fértil para qualquer tipo de manipulação da realidade a partir de afetos primitivos, como o racismo de raça e de classe. Foi esse o terreno fértil para a manipulação de camadas populares por Bolsonaro. Como a raiva justa e compreensível contra os privilégios dos irmãos de cor e de "raça" que ascenderam socialmente não pode ser vivida enquanto tal por esses setores, já que eles próprios são vítimas do preconceito meritocrático, o qual diz que basta o "esforço individual" para subir na vida, o branco pobre tem, basicamente, as seguintes alternativas: sofrer com a baixa autoestima corrosiva de quem se julga inferior por culpa própria ou canalizar essa raiva, não compreendida nas suas causas sociais, contra alguém ainda mais frágil abaixo de si. Bolsonaro, com seu discurso de ódio, se tornou o agente por meio do qual o branco pobre e frustrado nas suas ambições vai poder jogar em outra classe e raça a "culpa" de sua frustração social.

Desse modo, o negro, criminalizado como bandido, se torna a principal vítima dessa canalização das frustrações do branco pobre. Todo brasileiro das camadas populares sabe, intuitivamente, que a "arminha de dedo" de Bolsonaro está apontada para a cabeça de um jovem negro, suposto maior beneficiário da inclusão "populista" petista, além de convenientemente criminalizado como bandido. Aqui se juntam o argumento miliciano de Bolsonaro de que o "crime", já secularmente associado ao negro jovem, tem que ser combatido com as próprias mãos e por "esquadrões da morte" milicianos, sem a morosidade da Justiça, com a crítica à ajuda social petista a esses grupos desfavorecidos. A classe/raça "Geni", em quem todos podem cuspir e humilhar, mostra sua função social de contraponto negativo culpada por todo o atraso e toda mazela social. O branco pobre passa a se comportar como a classe média que se vê como "agregado" da elite, sem vontade própria, colocando-se no jogo também como massa de manobra da elite do saque.

Temos aqui, nessa sociologia do branco pobre brasileiro, a "síndrome do lixo branco", que está longe de ser um fenômeno apenas brasileiro. Nos Estados Unidos, a expressão depreciativa "lixo branco" era utilizada contra os brancos pobres e remediados, na maioria trabalhadores e camponeses, os quais retiravam toda a sua autoestima do fato de serem 100% brancos (o que alguns brancos da elite sulista não eram). Eles passam a ser os piores racistas, base social da supremacia racial sulista, que nem sequer aceitavam estar no mesmo sindicato que os negros, já que a "raça" é tudo que têm como vantagem "positiva" e fundamento da autoestima social. Mais uma prova de que uma análise apenas econômica não percebe nada de efetivamente importante no mundo social.

O "lixo branco", em todo lugar, vai tender a canalizar a inveja e o ressentimento justo que sente contra os irmãos de cor com mais dinheiro e mais educação, mas que não pode admitir, posto que isso equivaleria a uma confissão de fracasso, contra qualquer bode expiatório de ocasião. O bode expiatório em países com passado escravocrata, como os Estados Unidos e o Brasil, é sempre o negro. Outros povos, como os mexicanos e os muçulmanos, podem ser arrolados, mas a referência ao negro é a mais fundamental. Em um país como a Alemanha, por exemplo, em que os brancos da antiga Alemanha Oriental também têm menos capital financeiro e cultural que os alemães do Ocidente, o inimigo são os "imigrantes". Mas a canalização e a projeção da raiva e do ressentimento, impossíveis de ser vividos e expressos politicamente, vão exigir o mesmo bode expiatório, sempre o mais frágil e mais fácil de ser oprimido.

Foi Bolsonaro quem viabilizou o discurso do "lixo branco" brasileiro. De resto, a personalidade de Bolsonaro — ele próprio, não nos esqueçamos, um produto do "lixo branco" do interior de São Paulo —, com sua raiva da "elite" e por seus modos teatralmente broncos e agressivos, em hipótese populares, permite uma identificação imediata para esse contingente de brancos frustrados pela mesma opressão social de todo o povo brasileiro da qual são também vítimas. Para os que sentem a justa frustração e raiva de quem não teve as mesmas oportunidades de vida dos setores privilegiados, mas desconhece as causas da desigualdade e da injustiça, resta a identificação emotiva com o bronco agressivo e sem maneiras na cadeira presidencial. Assim como Lula permite a identificação imediata do pobre nordestino com ele, Bolsonaro possibilita a identificação imediata do lixo branco, injustiçado, raivoso e frustrado. Finalmente, esses setores se sentem representados por alguém no poder, alguém tão raivoso e "escroto" como o branco frustrado e relativamente pobre que desconhece as causas de seu infortúnio. As *fake news*, as baixarias e mentiras, a encenada agressão a símbolos de poder — tudo isso tem um público ávido e cativo.

Compreende-se também, pela sociologia do "lixo branco", o apoio às bandeiras obscurantistas de Bolsonaro contra as universidades e à cultura em geral. O branco pobre percebe "intuitivamente" que sua pobreza é condicionada pela educação mais precária a que tem acesso. Ele é visto pelo branco rico da classe média de cima para baixo porque lhe falta o diploma que enobrece, o acesso às línguas estrangeiras e à "cultura legítima" dessas classes. A "guerra cultural" de Bolsonaro e o apoio que recebe desses setores nessa "cruzada" é incompreensível sem uma "sociologia do lixo branco".

O Brasil, no entanto, não é apenas o Sul ou São Paulo: Bolsonaro teve votação expressiva e ainda conta com apoio significativo no país inteiro, inclusive de negros e mestiços. Aqui, a outra variável importante é a religiosidade evangélica. Ainda que exista um sem-número de denominações e igrejas que apresentam diferenças importantes entre si, o apoio decisivo das denominações e agremiações evangélicas mais importantes para Bolsonaro em 2018 se baseou em um núcleo comum. É que o público evangélico, apesar de muito distinto "racialmente" do "lixo branco", também é um segmento oprimido; também não teve acesso a nenhum dos benefícios que a classe média recebe de berço e sem esforço; e, mais importante, também desconhece as causas profundas e reais de seu infortúnio.

Esse desconhecimento é aprofundado e redobrado pela doutrina religiosa. A "ética da prosperidade" é meritocrática e percebe o sucesso como fruto da vontade individual, ainda que convenientemente ajudada pela "magia popular" adaptada aos rituais evangélicos. A moralidade dupla, que implica solidariedade em relação aos irmãos de fé e a indiferença ética em relação aos outros, salva muitos da pobreza extrema e do alcoolismo em um contexto social como o nosso, em que o pobre não só é abandonado, como também perseguido e humilhado.

O preço dessa ajuda inicial, no entanto, é alto. Como a primeira necessidade humana em sociedade é por reconhecimento social e autoestima, já que sem isso ninguém consegue viver, a religiosidade evangélica passa a construir uma falsa oposição entre o "pobre honesto" ou o "homem de bem" evangélico de Bolsonaro e sua pregação, para separá-lo do "pobre delinquente". Essa distinção é completamente artificial e ideológica, já que define o crime como aquilo que o negro e o pobre fazem. Assim, ser apanhado com maconha no bolso pode dar a um jovem negro 15 anos de prisão. Vender pacotes de drogas, para quem foram negadas todas as outras oportunidades de vida e sobrevivência, rende penas ainda maiores ou a execução pura e simples nas operações policiais.

A artificialidade da construção da noção de "crime" é aqui evidente. Crime não é o assalto às riquezas de todos, ao orçamento público e às empresas públicas — organizado por Paulo Guedes, festejado pela imprensa venal paga pelos bancos, com o aval de Bolsonaro —, que é a razão última do empobrecimento geral em favor de uma meia dúzia de aproveitadores. Crime passa a ser basicamente o que o jovem negro e pobre faz, como na criminalização da maconha — uma planta cada vez mais conhecida pelos efeitos benéficos ao organismo —, por ser, historicamente, a droga de maior consumo entre os negros.

A noção de "delinquência" do pobre não se restringe à construção artificial do bandido, quase sempre o negro jovem. Ela abrange a mulher, e a pecha de "prostituta", além da homofobia generalizada. Cria-se um padrão moral de extrema rigidez. O evangélico e sua família são obrigados, para usufruir o reconhecimento social do "homem de bem", a abdicar não apenas da reflexão autônoma — o sacrifício do intelecto de que nos fala Max Weber —, mas também a desprezar como inferior todos aqueles que não se enquadrem no moralismo manipulador do qual é vítima. Como o "bandido", construído artificialmente, ou o homossexual e a "prostituta", pairam como uma sombra sobre todas as famílias pobres, a luta entre o "pobre honesto" e o "pobre delinquente" perpassa todas as camadas populares e cria obstáculo significativo para a solidariedade popular. O fundamento na manipulação evangélica do pobre é, por um lado, tornar invisível as causas sociais e políticas de sua condição, ao mesmo tempo em que, por outro, elegem supostas virtudes morais da vida privada das pessoas, as quais são, por definição, escolhas privadas, e não assuntos de debate público, como a base da autoestima do crente. É por conta disso que os evangélicos que empobrecem sob Bolsonaro, ainda assim, o apoiam.

Também aqui a "guerra cultural" contra a "cultura legítima", a ciência e a cultura, desempenha o papel de canalizar as frustrações reais de um público oprimido e humilhado. Uma espécie de vingança daqueles que viram negado o acesso à cultura legítima. O mais importante aqui, contudo, é a pauta regressiva do moralismo mais canalha e hipócrita. Fantasias absurdas, como a suposição de uma "ideologia de gênero", alegadamente ensinada nas escolas, fizeram esses setores, também objetivamente humilhados, se imaginarem protagonistas de uma luta pela "integridade da família", transformando os piores preconceitos em "orgulho moral". É sempre a manipulação das necessidades de reconhecimento social de grupos sociais objetivamente humilhados o que está em jogo na associação entre evangélicos e Bolsonaro.

Bolsonaro, desse modo, se alia a uma nova tradição da extrema direita mundial, que se aproveita do empobrecimento geral causado pelos Paulo Guedes da vida no mundo todo e do ressentimento que a pobreza cria para manipular a fragilidade cultural, cognitiva e emocional das massas oprimidas contra elas próprias. Esse é o terreno comum da nova extrema direita.

Assim, nenhum partido de elite jamais conseguiu, nas últimas décadas, o que Bolsonaro logrou: manipular as frustrações do sofrido povo brasileiro contra os melhores interesses desse mesmo povo. Sem que percebamos o modo como as necessidades de respeito social, reconhecimento e autoestima são construídas, e sem compreender que representam a dimensão mais importante das relações sociais, nada disso pode ser assimilado por nós. Uma análise apenas "econômica" do comportamento social é míope em relação ao que mais importa.

Prometendo reformar o Brasil de acordo com a moralidade evangélica, Bolsonaro se transforma no profeta de uma ética restritiva, racista, preconceituosa. Assim como ele não dá nada para o "lixo branco" das regiões Sul, Sudeste e Centro-Oeste, de certa maneira representado por ele "espontaneamente", Bolsonaro também não dá nada ao evangélico. Nada "material" e palpável, como melhores escolas e melhores empregos; mas dá tudo que eles precisam emocionalmente, a sensação de reconhecimento para alguém a quem isso sempre tinha sido negado.

São pessoas cuja opinião ninguém quis escutar antes, sobre nenhum assunto, e que agora passam a se sentir participantes da política até como protagonistas; passam a emitir opiniões peremptórias sobre todos os assuntos nas redes sociais, se percebem no mundo e não mais fora dele. E isso tudo com a certeza de representar a "moralidade correta" para quem sempre foi tratado como lixo. A ética moral restritiva da maior parte das denominações evangélicas promete o "reconhecimento social" mais básico, aquele que nos confere o "direito" de estar no mundo em igualdade de condições com todos os outros, precisamente o que foi sempre negado a esses oprimidos. O bolsonarismo dá a essas pessoas a impressão de que são "protagonistas" de algo, uma sensação de importância para quem nunca se sentiu importante até então.

Mais ainda, o que a "guerra cultural", como um arremedo de antielitismo, confere ao "lixo branco" e ao "homem de bem" evangélico, é a preciosa sensação de se sentir mais elevado moralmente que as outras classes, até as de cima. Ela permite inverter a humilhação vivida durante uma vida inteira, canalizando de modo manipulativo e antipopular o próprio ressentimento das pessoas. Por conta disso, nunca compreenderemos nada de verdadeiramente importante no mundo social, se pensamos que a necessidade básica das pessoas é o interesse econômico e material.

A matéria-prima do bolsonarismo é a opressão secular de setores do povo brasileiro que o racismo e a meritocracia transformaram em rebeldia sem direção contra as "elites", seja o Supremo Tribunal Federal, sejam os gays, a classe artística ou o que quer que se invente para encobrir os verdadeiros algozes da opressão popular. Bolsonaro é o "palhaço perfeito" desse circo de horrores que foi — e é — a sociedade brasileira para a maioria do povo.

Conclusão

Vimos, na nossa discussão nos capítulos anteriores, que a herança do golpe de 2016 é, na verdade, um reflexo de uma herança bem mais antiga: a condenação intencional de uma classe/raça à barbárie, humilhação e miséria em vida. Qualquer governo que ousar tentar redimir esses condenados será derrubado com um golpe de Estado, sob o pretexto fajuto e mentiroso de "combate à corrupção". O pretenso "combate à corrupção" é o único álibi que a elite e a classe média branca construíram para mascarar sua vergonhosa opressão de classe e de raça de modo a realizá-la sem culpa e com a consciência tranquila. Como ficaria muito feio falar do ódio contra seres humanos desprezados sem razão justificável, o "combate à corrupção" veste o pior racismo com as roupas coloridas da moralidade e do suposto interesse geral.

Vimos, também, que a elite de proprietários e a classe média branca nunca tiveram nada contra a corrupção, desde que seja praticada pela elite. Hoje, fica claro que nenhum "branquinho histérico" que tomou as ruas do Brasil no golpe de 2016 tinha qualquer "preocupação moral". A suposta luta contra a corrupção serve para legitimar os privilégios educacionais da classe média branca e o assalto ao orçamento público apenas pela ínfima elite de proprietários. Uma sociedade para 20% da população é legitimada pela criminalização do povo e de seus representantes como "corruptos". Uma corrupção que basta ser "escandalizada" pela mídia elitista para que muitos acreditem nela, mesmo sem provas e sem justiça.

A mais perigosa herança do golpe de 2016 é o bolsonarismo, ou seja, a manipulação cognitiva e emocional da própria fragilidade das pessoas, também pobres e oprimidas, as quais, no entanto — em um contexto de imprensa venal que distorce sistematicamente o mundo —, não conhecem as razões de sua pobreza e humilhação. São, precisamente, os "pobres remediados" que apoiam Bolsonaro, o "lixo branco" do Sul e de São Paulo, além de boa parte dos evangélicos de todas as cores em todo o Brasil.

Bolsonaro logrou canalizar o ressentimento e o descontentamento justo que esses setores populares sentem, não contra a elite e a classe média branca que os humilham e exploram, mas contra os negros e os muito pobres, ainda mais abaixo na escala social, tidos como bandidos ou parasitas do Estado. A classe/raça "Geni", em que todos podem cuspir, é a chave para a compreensão de toda a sociedade brasileira e de toda a sua cultura de golpes de Estado. A elite se torna invisível no seu saque à riqueza de todos e a classe/raça condenada passa a ser culpada — além de sua própria miséria — de todas as mazelas da sociedade brasileira.

Essa classe/raça de condenados à barbárie é quem melhor espelha a continuidade da escravidão entre nós, permitindo a continuidade de uma sociedade desigual e perversa. A pecha de corrupto ou de bandido propicia uma "sensação de superioridade", ou seja, de "distinção social" e reconhecimento à custa da humilhação alheia, comportamento que vimos ser a principal necessidade humana em sociedade. Para a elite, a mesma noção de distinção significa criminalizar a soberania e a participação popular, o seu verdadeiro grande inimigo, para o assalto tranquilo e cotidiano do orçamento público com a finalidade de encher o bolso de uma meia dúzia. Sem compreender as necessidades básicas dos seres humanos, que vimos não ser primariamente econômicas, não compreendemos também a reprodução infinita de uma sociedade, ao mesmo tempo, moderna e escravocrata.

Sem uma redenção da condenação intencional de negros e pobres, tanto no discurso quanto na prática, nunca haverá mudança possível no Brasil. Esta é a questão central que hierarquiza todas as outras. As assim chamadas classes D e E, majoritariamente negras, hoje quase 50%

da população depois do assalto ao Estado comandado pelo presidente miliciano, precisam ser "reconhecidas" como participantes da sociedade e ter seus Direitos respeitados. Esse é o grande desafio brasileiro em aberto: a inclusão, que é sempre abortada sob o falso pretexto da corrupção e da moralidade pública. O golpe de 2016 mostrou cabalmente esse fato, que já havia sido utilizado contra Getúlio Vargas, outro campeão da inclusão das massas populares, apeado do governo em 1954, depois de uma campanha midiática falso moralista — e também, resguardadas as diferenças de contexto, contra Jango, em 1964.

A herança do golpe de 2016 nos lega, contudo, um fato novo: a catástrofe do bolsonarismo. Bolsonaro conseguiu construir um discurso de ressentimento adequado às classes populares, muito especialmente à classe C por nível de renda, que não se dirige às elites ou à classe média branca, mas, sim, contra as classes D e E por nível de renda. Os racismos de classe e de raça se unem aqui, já que os pertencentes às classes D e E são os mais pobres e de ampla maioria negra.

Desse modo, agora, não é apenas a elite e a classe média branca que desprezam o povo pobre e negro, mas também os segmentos intermediários do "lixo branco" do Sul e de São Paulo, além de boa parte dos evangélicos, que se posicionam entre a classe média real e os muito pobres. Como a meritocracia, a individualidade da ética da prosperidade evangélica e a mídia venal impedem a percepção da exploração social exercida pela elite e pela classe média branca, o "bode expiatório" da "luta contra o crime" bolsonarista — uma luta que supõe a ocupação de territórios por milicianos e a guerra cultural contra a ciência e a cultura em geral — é mobilizado por parte significativa do pobre brasileiro remediado contra os mais frágeis de maioria negra.

Eis o grande perigo que ameaça a sociedade, o qual não será afastado apenas com a possível vitória eleitoral da oposição em outubro de 2022. Os próximos anos de reconstrução do país têm de ser críticos à cultura de golpes de Estado construída entre nós e denunciantes de sua função real. É isso que pode possibilitar que o povo brasileiro, 80%

da população, perceba seus reais inimigos: uma elite de proprietários cínica e parasitária, que despreza a própria gente, e a classe média branca inconformada com qualquer ascensão popular percebida como ameaça de privilégios escravocratas.

O esclarecimento do povo, das causas de sua pobreza e humilhação, tem que assumir a forma de um grande debate de ideias que possa restituir a inteligência popular, roubada pela imprensa venal, pelas *fake news* e, acima de tudo, pelo falso moralismo do suposto combate à corrupção. Sem que o povo reconheça seus inimigos e as razões da manutenção da pobreza, não existe redenção possível para o Brasil. Nosso comportamento prático é comandado por ideias, quer tenhamos consciência ou não disso. E são as ideias novas e mais críticas — universalizadas pelo debate público abrangente — que podem mudar o país e seu destino perverso e desigual.

Este livro foi composto na tipografia Classical
Garamond BT, em corpo 11/16, e impresso em
papel off-white no Sistema Cameron da
Divisão Gráfica da Distribuidora Record.